U0448021

知识就在得到

钱从哪里来

5

微利社会

香帅 著

新 星 出 版 社 NEW STAR PRESS

目 录
CONTENTS

引 子

2006年，我在加拿大麦吉尔大学念博士，跟我的博士生导师苏珊·克里斯多夫森抱怨说，学金融太苦，会折寿。她安慰我，“没事，金融学通了，豁达，容易婚姻幸福，还活得久。”

我问为什么。她笑，“因为你知道怎么处理预期。”当时太年轻，把这话当笑话听。今年，我突然意识到，**怎么处理预期大概是最重要的人生问题。**想明白了这一点后，就发现很多人生的答案都在金融学里。

比如金融学里最著名的模型之一，资本资产定价模型（CAPM）[1]，用大白话解释，就是任何一个资产的回报率都可以分解成两部分，一部分来自市场大盘，叫贝塔（β），剩下的是超额回报，叫阿尔法（α）。

如果仔细想想，我们会发现，**经营人生就像运营资产，而时**

---

1 $R_i=\alpha_i+\beta_i(R_m-R_f)+\varepsilon_i+R_f$。Rf是无风险收益率，Rm是市场收益率，Ri是资产收益率，αi代表超额收益，βi代表资产对市场投资组合回报的敏感度，εi代表误差项，表示除了系统性风险外的其他因素。具体解释可参考《香帅金融学讲义》第046讲“因子模型：寻找金融资产收益中的规律”。

代红利或者时代冲击，就是人生最大的贝塔。顺着这个线索，我把自己身边所有人的故事都仔细想了一遍。我发现，过去40年里，我们人生的起落都来自几股巨大的浪潮——工业化、城市化、全球化和互联网信息化。我们今天感受到的撕裂和痛苦，也几乎都跟这几股力量的变化密切相关。

工业化在2012年左右已接近尾声，后面主要靠技术进步和产业升级。麦肯锡有个报告[1]称，制造业将是受人工智能影响最大的行业之一，大部分制造业活动将被替代。

城市化已经进入尾声。2022年，中国人口第一次出现负增长，以大规模人口驱动的简单城市化红利没有了，剩下的都是难啃的骨头。

互联网信息化的红利也出现了拐点。2021年，也就是平台治理开始的那一年，中国上网人数和人均上网时长的增速第一次同时出现下降，我们熟悉的那种“互联网造富”模式也走到了尽头。

那全球化呢？我们不妨来看看一家企业——苹果手机屏全球最大的供应商，蓝思科技。2015年上市后，蓝思科技股价一路狂飙，但过去的两年（2021—2022年），蓝思的市值从巅峰的2015亿元降到了目前的687亿元，缩水约66%。蓝思不是特例，中国A股

1 James Manyika, Kevin Sneader, AI, Automation, and the Future of Work: Ten Things to Solve for, https://www.mckinsey.com/featured-insights/future-of-work/ai-automation-and-the-future-of-work-ten-things-to-solve-for, retrieved Jul. 12, 2023.

市场25家果链公司的市值平均缩水了38%。[1]

没错，66%和38%的市值缩水，就是我们当下面对的最大的时代贝塔——**全球化碎裂成岛链化。**

“岛链化”这个词是我们团队在2022年提出来的。[2]全球化意味着一个平坦的大市场，各种要素自由流动。岛链化则意味着这个市场被政治、意识形态等各种因素分隔，但又在经济、产业、贸易、金融上有千丝万缕的联系，牵一发而动全身。

我记得当时我们说，岛链化时代注定是个疼痛的大时代。如果说那时候“疼痛”还是一个抽象的概念，那么一年后，很多人都对这个词有了微观的具体感受。

年中的时候，一群经济学家开会讨论应该采取什么逆周期政策防止经济过冷到衰退，自然聊到美国的通胀什么时候会下来，突然有人说，“哎呀，世界两大经济体的周期好久没有这么不同步了。”

何止是经济周期呢。前一阵子有朋友从上海飞波士顿，往返经济舱机票2万元，耗时40个小时。同样的机票，在4年前是4000元，耗时20个小时。还有，2022年，美国进口商品里面中国占比超过40%的品类是9个，而5年前这个数字是19。

变化无处不在。

是的，这就是2023年我看到的景象：**工业化、城市化、全球**

1 均为2023年10月数据。
2 见《钱从哪里来4：岛链化经济》。

化、互联网信息化——这些托举了我们人生的巨大浪潮，一个接一个，或消失减弱，或变成激荡的狂流。没有人能逃脱。还是那句话，时代红利或者时代冲击，就是人生最大的贝塔。谁不是命运绳上的蚂蚱呢？

再仔细想，所有我们经历过的各种动荡，房价、投资、就业、出口、股市、汇率……也不过都是这些浪潮变动的反映而已。而且你会发现，曾被这些浪潮托举得越高，当下我们感受到的痛苦就越深。

比如房地产行业。今年6月，我看到一份高盛的报告，说中国房地产市场是“L型复苏”。所谓L，其实就是说预期很高，然后狠狠地从这个预期上摔了下来。**人类的预期都是历史的产物。**就像在金融模型里，预期收益率都是根据历史数据估算出来的，一旦市场发生结构性的变化，模型就会失败。

所以，时隔多年后，想起我导师说的那句话，“金融学通了，豁达……活得久……因为你知道怎么处理预期”，我忽然明白过来，她是在跟我说——金融学通了，就会明白，**预期是用来调整的**。因为预期稳定的前提是“市场处于稳态结构”，一旦市场发生结构性改变，预期就会失败。而这，正是我们看到的当下：

当时代发生结构性变化的时候，基于历史的预期就成了包袱。

2023年初夏，我和两个朋友夜游西湖，聊到对未来经济增速的判断。我问：“经济下行还会持续吗？”朋友笑了，说：“你问这个问题时已经预设了一个基准。不管这个基准定在1992年还是

2001年，都是过去的年份。可是，”他指着正在岸边涌动的湖水，“这才是当下。”

未来，应该以2023年为新的基准。

当时我的脑子里像有一道闪电，刺破了这一年看到、听到的很多小现象：大房企老板说，现在几百万元的单都亲自出马；基金研究员看企业的时候，把抗风险能力放第一位，短期盈利更重要；居民提高储蓄率，年轻人提前还房贷……这些细碎的小事忽然在我脑子里串成了一条完整的线索。

身体总是比意识更诚实。其实我们已经不知不觉地在行动中改变了预期，只是还没有形成更为普遍的共识——过去40年里的所有历史贝塔，都已经发生了结构性变化。我们需要新的模型来做新的预期。

这是2023年7月29日“共潮生 · 香帅年度财富展望2023”[1]的开场文稿。后面两天，我收到无数人的信息——有一直怀念改革开放时代的50岁体制内精英，有一路狂奔、最近陷入迷惘的40岁创业者和企业高管，也有正在人生上坡路上摸索爬行的30

---

1 “共潮生 · 香帅年度财富展望”，是每年年中（7月）面向中国家庭、投资者、管理者和创业者举办的年度活动，已连续开办两年。活动由香帅数字经济工作室主办，旨在分享香帅对宏观经济、市场走向及数字变革等领域最新发展趋势的分析。在这场年度展望中，香帅会通过案例研究、产品展示和数据分析，辅助企业适应宏观经济变化；提供市场分析，帮助家庭和个人适应经济变化，寻找增长和职业发展机会；引领市场新趋势，塑造积极价值观，为公众提供创新和实用的洞见。2022年“共潮生”的主题是“微小而具象的英雄主义”，2023年的主题是“告别和转身”。

岁白领……

几乎所有人都跟我说，**“当时代发生结构性变化的时候，基于历史的预期就成了包袱”，“未来，应该以2023年为新的基准”**。这两句话很是醍醐灌顶，把这几年像迷雾一样的纠结困惑给捅破了。但是，他们又问，以2023年为新基准的这个新预期，应该落在哪里？

是啊，新的预期该落在什么地方，才能像我导师说的那样“豁达”又“活得久”呢？我把自己过去4年写的《钱从哪里来》系列重新读了一遍，这才发现，很多“向前望”的答案都在“回头看”的一路痕迹里。

2019年的关键词是**高垂之果**。经济增速放缓，随手可得的低垂之果已被采摘殆尽，剩下的更多是高垂之果。

2020年的关键词是**K型分化**。科技和金融的马太效应让社会趋向中间层消失的K型分化。疫情冲击下，社会分化持续加剧。

2021年的关键词是**向南而生**。中国经济重心在地理上将持续南移，而在政治上将更加集中 。

2022年的关键词是**岛链化**。全球化被共识碎片化、有限连接、博弈大于合作的岛链化取代。

10月初，我定下了2023年的关键词，“微利社会”。微小的微，利润的利。

这个词提出来后，遭到不少人反对，说太灰暗了。我犹豫了一周要不要调整。国庆假期结束的那个周末，正是寒露。北京的早晚已经薄有凉意，我抱着儿子的毛绒玩具，在露台上发呆。儿子上来找玩具和妈。

“妈，你一个人待在这里干什么？”

“妈妈在想今年的书名，哥哥姐姐们不太同意，妈妈在犹豫。”

“那你想用什么名字？”

“微利社会。”

“这是什么意思？”

我琢磨了半天怎么让一个5岁半的男孩理解“微利”。

“微是微小的微，利是利润的利。妈妈想说，未来社会不一定要疯狂赚大钱才快乐，不花钱或者少花钱也能很快乐，机会可能在这里面。”

男孩点头表示理解，但是又问：“哥哥姐姐们为什么不同意？”

“因为他们觉得太悲伤，有点丧气。”

5岁半的男孩托着腮想了半天，问：“不花钱的快乐，是不是跟我俩去沈阳‘特种兵’旅游一样？”

我看着儿子，忍不住笑了起来。真是一语惊醒梦中人啊。成年人的思考太过复杂，反而不如孩子的眼睛，清澈见底，能一下子看穿本质的东西。

“五一”假期，我带儿子来了一场极限省钱和极限行程的

“特种兵”旅游：早上6点多出发赶火车去沈阳，然后像陀螺一样连逛了4个景点——中国工业博物馆、五爱市场、大帅府和北陵公园。在北陵公园里，他在皇太极陵前舞着5块钱一把的宝剑“断龙脉”，缠着不认识的大爷学放风筝，跟在大妈们的广场舞方阵后面疯跑，饿了就买个烤串吃，渴了就喝杯水，直到公园关门了才肯出来。之后，我们匆匆忙忙赶到机场坐上红眼航班，凌晨回到北京。到家的时候，他已经睡得迷迷糊糊，被我用大衣裹着抱上楼，放到床上。他挣扎着张开眼，嘟囔着说：“妈妈，我比吃大董烤鸭还高兴。”——作为年幼的大董烤鸭迷，这是他表达“满足”的最高等级。

我蹲下来，看着儿子那双酷似我，但皎洁明亮得多的眼睛，下了决心，“宝宝，就听你的，今年书名就叫《微利社会》，因为很多时候，快乐和满足不一定是有很多钱就可以获得的。”

我儿子是对的，**我心里的“微利社会”并不是一个悲观的概念，而是在内部和外部的环境变化中，因社会价值观迁移而产生的系列现象**。价值观当然和经济水平密切相关，但由于人是社会动物，人的行为是价值观的反射，所以最终，经济现象或商业模式也是价值观的产物。

那到底什么是“微利社会”呢？

这个词有两层含义：**经济含义**和**社会含义**。

经济含义可以从**减速**和**分化**两个维度来分析。

第一个维度好理解。一个社会的平均投资回报是跟经济增速相匹配的。经济增长减速，社会的平均投资回报率必然下行。经济从高速转入中低速增长，社会的平均投资回报也会从“暴利”转向“微利”。

第二个维度则和一个人类社会发展的残酷现实密切相关——经济发展和科技进步伴随的是社会财富的K型分化，准确地说，是头小身子大的K型分化（见图0-1）。[1]这意味着，绝大部分人的财富、收入、回报率被极少数人“平均”了。所以，社会平均通常是个具有迷惑性的概念。

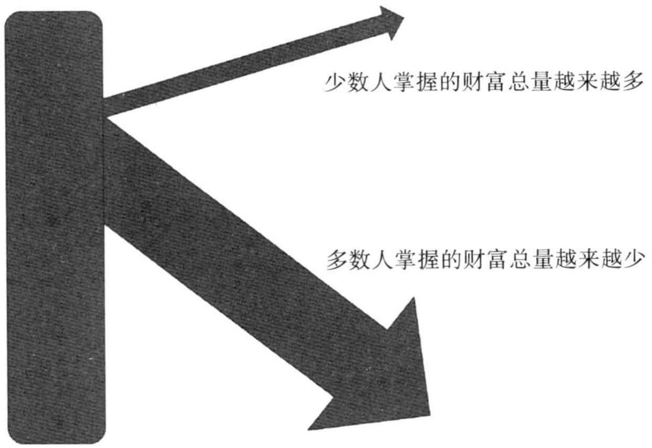

图0-1　社会财富的K型分化

按照经济学家们的套路，我们也可以用数学概念来理解这

1　关于过去半个世纪的经济发展和科技进步导致分化加剧的详细讨论，可参考《香帅财富报告：分化时代的财富选择》第一章和第二章。

件事。正态分布是我们生活中常见的一种分布。比如，一个班上的成绩，大部分人处于均值附近，极少数特别好或者特别差的，均匀分布在两侧（见图0-2）。这个时候，中位数和均值[1]恰好是重合的。

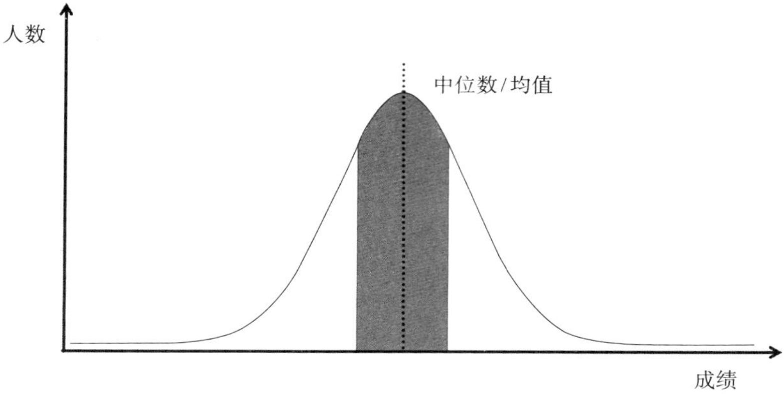

图0-2　班级成绩的正态分布

但在金钱的世界里，这种分布很罕见。毕竟金钱嫌贫爱富，也最容易产生强者愈强、弱者愈弱的马太效应。所以资产的收益率、社会财富和收入的分布，大多是**“右偏的”**（见图0-3），中位数远低于均值，大部分人的收入、回报、财富都被平均了。典型的例子是，全世界人的收入被马斯克平均了，企业的利润则被苹果平均了。

1　中位数是将一组数据从小到大排列后位于中间位置的数值（如果这组数据的总数是偶数，则是中间两个数的平均值）。均值是将一组数据的所有数值加总后，再除以数据的总数得出的数值。

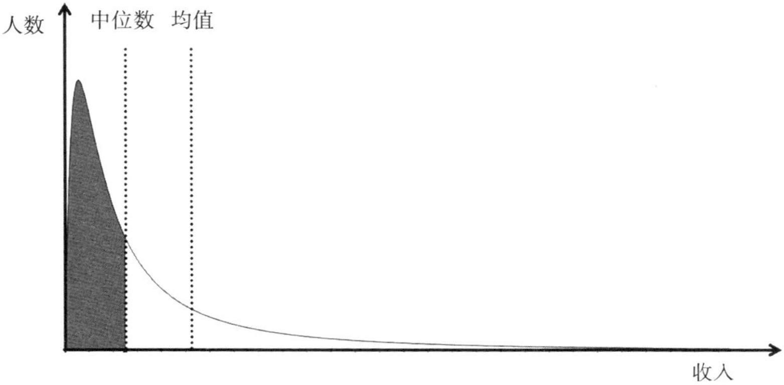

图0-3　全民收入的“右偏”

未来中国社会的财富趋势，就是减速和分化两个现象的叠加。

第一，整体的投资回报率会较低。按照比较乐观的估算，未来10年中国社会平均实际投资回报率在3%左右。

第二，K型分化无处不在。在大部分城市，行业、企业、个体获得的回报远低于平均数。一个扎心但不算离谱的判断是，大部分个体的回报率（增长率）会在0附近，这就是“微利”。

从暴利、厚利转向微利，这确实是一个需要调整的预期。但是，“微利社会”并不代表“没有希望的社会”。因为微利社会还有第二层含义，也就是它的社会含义：**从利润社会到效用社会。**

其实经济学上很早就讨论过“效用最大化”[1]。效用这个词很抽象，但大体上可以理解成“**满足**”。作为正常人类，我们的满足（快乐）来自很多维度，包括财富、收入、兴趣、闲暇时间、爱、成就感，等等。收入和财富是效用中最基础、最重要的一个维度，而且是可量化的维度，但是其重要性（经济学语言叫“边际效用”）会随着收入和财富水平的上升而下降。

但是过去这些年，其实我们有意无意地进行了“转换”，将效用简化成了利润、财富，目标函数也变成了利润（财富）最大化。这有两方面原因：一方面，在匮缺社会中，财富的重要性是压倒性的；另一方面，在高增长阶段，高利润的诱惑力和可得性也是压倒性的。所以，对于大部分人来说，**在从匮缺社会发展到丰裕社会的高增长阶段，“财富、利润、利益”的最大化基本可以等同于效用最大化**。

但在今天的中国社会，两个逻辑同时发生了变化：经济增速放缓，即使“卷”也没有那么高的利润；同时社会从匮缺进入丰裕，物质价值观逐渐转向后物质价值观，精神追求和多元化目标开始逐渐变得更为主流。

所以，不管是被动还是主动，我们都已经看到，**中国社会**

1 效用的概念是由丹尼尔·伯努利在解释圣彼得堡悖论时提出的，主要包括两条原理：第一，边际效用递减原理，一个人对于财富的占有多多益善，即效用函数一阶导数大于0；随着财富的增加，满足程度的增加速度不断下降，效用函数二阶导数小于0。第二，最大效用原理，在风险和不确定条件下，个人的决策行为准则是获得最大期望效用值而非最大期望金额值。

正在从一个单一目标的利润最大化社会，转变为多元目标的效用最大化社会。

这是现实，是挑战。当然，对有心人来说，也是机会。

闭关写稿前，我和一位企业家见面，聊到“效用最大化”的微利社会。

她：今年做公司的人都有点丧。

我：那你呢？

她：后来想来想去，跟自己说——“要真是企业家，咱这就回到熊彼特[1]。”

我：什么意思？

她：熊彼特不是一直强调企业家精神吗？但企业家不可能只挣上升周期的钱。全社会都能拿15%的回报，你稍微勤奋一点，拿20%，好意思说自己是企业家吗？真正的企业家是穿越周期的，上升周期和下行周期都能过。下行周期怎么挣钱？和上行周期挣趋势的钱一样，下行一定有下行的原因，而那些原因，往往就是企业家最大的机会。

那么，微利社会本身，是否就是最大的机会呢？

我们从消费价值观的变化开始讲起。

1　奥地利政治经济学家。他提出了著名的经济周期循环论，认为当经济周期从景气循环到谷底的时候，某些企业家会被淘汰出局，而另一些企业家则通过创新求得生存。因此，每一次萧条都孕育着新技术革新的可能。

第一章

消费价值观：你活且仅活一次

你活且仅活一次

2023年年中，网上曾有一篇爆红的旅游帖，来自一个年轻的成都码农——椭多多。2023年4月底，椭多多突发奇想，要在5天内完成登“五岳”的任务。4月28日下班后，小哥直奔车站，第一站南岳衡山，第二天中午登顶、打卡、下山，然后马上出发，奔赴下一站嵩山，登顶、打卡、下山，接着是泰山、恒山、华山。靠着火车和汽车，5天5城，闪现“五岳”山顶——他这篇帖子发在微博上，获得了8000+评论、2.5万转发，以及10万点赞。[1]

这也是2023年的旅游市场最热的词语——特种兵旅游。什么是特种兵旅游？主打“极限”两个字。**极限拉练，极限省钱。**用最短的时间、最少的金钱去获得最强的体验——这个现象引起了经济学家圈里的热烈讨论。特种兵旅游是不是消费降级？大多数人觉得是。毕竟传统上，咱们中国人讲究“穷家富路”，出门在外都这么克扣自己，可不就是消费降级吗？但我对这件事的感受一直比较复杂，要省钱当然是真的，但如果真铁了心要省

1　数据源自椭多多个人微博账号“要周游世界的椭多多”。

钱，干吗跑出去？待在家里不是更省钱吗？

所以一定有某些更深层次的原因。再想想柟多多的“特种兵”经历——核心是什么？是体验。花钱不多，但获得的体验无与伦比。古人说“五岳归来不看山”，我用5天120个小时，浓缩了千年历史和万里山河的精华，这是何等的刺激。人生就是在路上，所以无论条件多么有限，也要想方设法去体验。毕竟生命那么短促，你只活一次而已。

YOLO是一种价值观

你活且仅活一次，you only live once，简称YOLO。

这个词从情绪上很好理解。这几年大家多少都有类似的感受。未来太不确定，生命脆弱，所以活在当下就好。但情绪只是表象，**YOLO实际上是一种价值观，是一种会对社会各个方面都产生深刻影响的思想潮流**。

过去几年，美国学术圈一直在研究YOLO对劳动力市场、消费，甚至金融资产定价的影响。其背后的逻辑是，“给予当下消费更大的权重”这种价值观偏好，会直接影响人们的消费和投资决策。来自美联储的几位学者研究了YOLO价值观，得出了下面这个理论模型：

$$V_t^*(\cdot) = \max_{C_t}\{u(C_t) + \beta\mathbf{E_t}[s_{t+1}V_{t+1}^*(\cdot)]\}$$

等号左侧的 $V_t^*(\cdot)$ 是效用函数，它由右侧几大部分组成。其中 $u(C_t)$ 是当下时刻 t 消费 C_t 数量产生的效用，即从当下对商品或服务的消费中获得的满足感、幸福感。β 是折现因子，反映了当前消费相对于未来消费的偏好，介于 0 和 1 之间。$E_t[*]$ 是下一期时刻 $t+1$ 的效用函数期望值。

用大白话解释一下这个公式，意思就是，我们的决策都是为了让当下的效用最大化。如果简单把效用当满足快乐，那么，一辈子的快活就等于当前的快活加上未来的快活。但是，两鸟在林，不如一鸟在手。所以一个人未来的消费/满足放到当下是要打折的，这就是折现率。很明显，**折现率越高，未来的快活对我们而言吸引力就越小。**

那么什么时候折现率高呢？**未来越不确定，折现率就越高。**而这，恰好就是新冠疫情之后当下的社会状态——病毒、战争、气候变化……太多我们控制不了的事情，永远不知道明天和意外哪个先来。未来的吸引力降低，所以我们会把生命更多的权重放在今天，活在当下就好。

就业、通胀和资产价格

YOLO 价值观正在对美国社会的方方面面产生深远影响。

劳动力市场首当其冲。《纽约时报》的一篇深度报道[1]专门讨论了这个现象。29岁的内特·莫斯利是美国一家大型服装零售商的高级采购。他早就想离开这个古老的行业，但每年13万美元的高薪让他一直犹豫不决。疫情过后，他终于决定行动：上编码课，挖以太币，参加政治竞选，搬到加勒比海地区，开一家旅游公司……和内特一样，越来越多的美国年轻白领选择推翻自己的生活，放弃舒适而稳定的工作，开始新的冒险。就像内特所说，“时间是条单行道，我只活一次，如果现在不做，我什么时候才能改变？”很多经济学家认为，就像美国20世纪60年代的嬉皮士文化催生了硅谷创新一样，**YOLO价值观会加速美国在AI（人工智能）、Web 3.0、数字货币等领域的创新。**

年轻人YOLO，纷纷辞职，涌入高风险创新领域；中老年人YOLO，则是辞职去享受生活。2020年大疫爆发之后，很多有储蓄的美国中年人忽然想通了：一辈子忙碌所为何来？早要去加勒比海钓鱼，去撒哈拉徒步，在院子里晒太阳，为什么不“马上就干”？——2021年，美国55岁以上的劳动参与率下降了2个百分点，近百万劳动力永久退出了劳动力市场。[2]

事情到这里还没结束。劳动力供应紧张，导致（名义）工资增长，从而推动了全社会价格上升。就像美联储前任主席、

---

1 Kevin Roose, Welcome to the YOLO Economy, *The New York Times*, https://www.nytimes.com/2021/04/21/technology/welcome-to-the-yolo-economy.html, retrieved Oct. 22, 2023.

2 数据源自美国劳工部、美国商务部普查局。

2022年诺贝尔经济学奖得主伯南克所说，**“劳动力供给不足是构成通胀上行的主要因素。”**[1]

这还不是全部。2021年1月初，年轻人正在追捧一只名叫游戏驿站（GME）的游戏股，但著名做空机构香橼研究宣称，该股票价格不应超过20美元。华尔街对决YOLO世代的大戏拉开了序幕：年轻人高呼“GME YOLO”的口号，疯狂买进，和空方展开激烈厮杀。整个1月，这场看似力量悬殊的对决吸引了美国社会多方的站队，交易市场上更是刺刀见红。多轮厮杀后，股价一度摸高到483美元，比月初上涨25倍，几大空头被逼到沽清平仓。但月底，股价又回到193.6美元，很多散户血本无归。GME事件拉开了美国YOLO式投资交易的序幕，之后散户们继续转战各种可以加高杠杆的资产——从个股AMC、黑莓，到大宗商品白银、锡，再到数字资产狗狗币、柴犬币，都出现了暴涨暴跌的现象。**YOLO的“生死看淡、不服就干”也反映在了资产价格的颠簸中。**

“霉霉”[2]经济学

It’s a love story/baby just say yes（这是个爱情故事/宝贝，

1　伯南克在2023年世界计量经济学会亚洲－中国年会上的发言。

2　霉霉是中国粉丝对泰勒·斯威夫特的昵称。

答应我就行了）.[1]

2023年，美国歌手泰勒·斯威夫特可不仅仅是个“爱情故事”。

2023年6月，泰勒·斯威夫特的“时代之旅”巡回演唱会在明尼苏达州的明尼阿波利斯开唱。当地一家名叫华丽娃娃甜甜圈的甜品店被挤爆，人们争相抢购“泰勒·斯威夫特甜甜圈大礼包”——12个甜甜圈，10个上面有泰勒的专辑名，一个有她的签名，另一个放了块巧克力牌，上面印着她的脸。平时12个甜甜圈35美元，现在是63美元，但即使这样，也还是阻止不了疯狂涌入门店和电话订购的人群。最后，甜品店生产实在跟不上，不得不停止接收订单。华丽娃娃的合伙人特蕾莎·福克斯又疲倦又兴奋，她说：“自从10年前开店以来，我从来没有这么努力过。我们每天工作18个小时，只做泰勒·斯威夫特甜甜圈。”[2]

“斯威夫特甜甜圈”只不过是2023年泰勒传奇的一个小画面而已。截至2023年10月，56场“时代之旅”巡回演唱会已经创下7.8亿美元的票房收入。预计泰勒将成为史上第一个演唱会票房收入突破10亿美元的歌手。[3]

1 泰勒·斯威夫特*Love Story*。

2 Caroline Cummings, Local Businesses Embrace Taylor Swift Eras Tour Arrival in Minneapolis, https://www.cbsnews.com/minnesota/news/local-businesses-embrace-taylor-swift-eras-tour-arrival-in-minneapolis/, retrieved Oct. 23, 2023.

3 Marisa Dellatto, The Top-Earning Summer Concert Tours Of 2023,https://www.forbes.com/sites/marisadellatto/2023/10/13/the-top-earning-summer-concert-tours-2023-taylor-swift-beyonce/?sh=30b8481a707c, retrieved Oct. 23, 2023.

票房收入只是冰山一角。演唱会所至的每一个城市都刮起了“泰勒旋风”。一般来说，每在现场演出上消费100美元，会带来大约300美元的当地配套消费。但在“时代之旅”巡演这个案例中，当地配套消费被刷新到了1300—1500美元：

·匹兹堡的2场演唱会，除了4600万美元的直接收入，还带动本地酒店入住率飙升到95%，日均房价升至309美元，增长106%。

·洛杉矶的6场演唱会带来了3.2亿美元的经济效益，创造了3300个就业岗位，以及近3000万美元的销售税和酒店房间税。

·丹佛的2场音乐会为该州的GDP（国内生产总值）贡献了约1.4亿美元。

调查公司QuestionPro估计，按照目前的趋势，到2024年年底，“时代之旅”巡演能为美国创造**46亿美元**的消费支出，这个数字超过了50个国家的GDP。美国旅游协会则认为，其总的经济影响可能超过100亿美元。费城联邦储备银行更是在官方文件中热情洋溢地表示，泰勒·斯威夫特巡演是本地区出行和旅游业发展的最大推手。[1]

1　美国联邦储备委员会：《美国经济褐皮书》，2023年7月12日，https://www.federalreserve.gov/monetarypolicy/beigebook202307.htm#philadelphia，2023年10月23日访问。

毫无疑问，“霉霉”经济学（Swiftonomics）是2023年全世界“最靓的仔”：明尼阿波利斯被改名为“斯威夫提阿波利斯”[1]；新泽西州宣布“斯威夫特火腿鸡蛋芝士三明治”为该州官方三明治；加州圣克拉拉市决定任命“霉霉”为其荣誉市长；匈牙利布达佩斯市市长格尔盖利·卡拉乔尼、智利总统加夫列尔·博里奇，以及加拿大总理贾斯廷·特鲁多等全球各国政要也纷纷在X（原推特）上@斯威夫特，希望她能将这场“时代之旅”巡演带到自己的国家。

没有人能确切地说出为什么这一切发生在2023年。也许，就像马里兰大学经济学教授梅利莎·克尼所说：

> 这场大流行总体上改变了人们的思考方式：什么对自己来说是真正重要的，以及什么能带给自己快乐。[2]

美国东北大学的音乐产业教授大卫·赫利希则说：“她写的歌让人热泪盈眶。这太不可思议了，人们也想要这样……那么，**你愿意花多少钱买一件让你想哭的东西呢？**”[3]

---

1 Swiftieapolis。斯威夫提丝（Swifties）指泰勒·斯威夫特的歌迷。

2 转引自参考消息网报道。https://www.163.com/dy/article/IBSRCIA20514BQ68.html，2023年10月23日访问。

3 Alëna Kuzub, “Swiftonomics”, or the Smart Business Choices Taylor Swift Makes that Affect the U.S. Economy, https://news.northeastern.edu/2023/08/11/taylor-swift-economy-impact/, retrieved Oct. 23, 2023.

中国式YOLO

尽管“活在当下”和“追求生命体验”是YOLO价值观的底色，但在不同的背景下，它们也会呈现出不一样的模样。

由于各种条件的约束，比如传统的文化观念，比如城乡差异，比如体制内外，更重要的是，由于正在经历30年以来最大的一次经济下行周期冲击，**中国式YOLO很难恣意表现在劳动力市场和投资行为上，而更多会以独有的方式体现在消费市场上。**

总需求疲软和价值观变化

过去两年，经济学家们关于消费的讨论主要集中在总量上。总需求不足、消费低迷，这是可见的事实，分歧在于，这种需求不足是疫情留下的“疤痕”，还是政策缺失导致的下滑？是会自己慢慢修复，还是需要下猛药逆周期调控？

经过了2023年经济的加速失血后，我想，这个问题的答案已经清楚了——是不是疤痕已经不重要，**自然修复肯定是妄念，**

我们需要的是更大力度的逆周期政策。张斌和郭凯在中国金融四十人论坛的系列研究报告中对此有比较详细的讨论。下面是简单概述，供有兴趣的读者参考。[1]

1. 疫情后中国居民消费低迷，远低于疫情前消费增长的趋势值。从数据上看，这个低迷主要被可支配收入增速下降和居民消费倾向下降两个原因解释。居民消费倾向下降主要来自就业压力的增加和对收入增速下降的预期。所以，**“收入增速下降”**和**“对收入增速下降的预期”**是消费低迷的关键。

2. 居民可支配收入增速下降（及下降预期）和全社会的信贷水平密切相关。所以，**提振消费的关键在于信用扩张**。现代宏观经济学理论和百年的各国实践已经证明，短期内信用扩张的有效方法主要是大幅降低政策利率，提高公共部门的举债能力和开支水平。简而言之，就是要坚定执行扩张性的货币和财政政策。

但是，在疲软的总需求中，还存在一些变化。

比如，2023年上半年，CPI（居民消费价格指数）与年初相比，累计下降了0.5%，但拆开看就会发现，其中商品消费价格下降了1.4%，而服务消费价格上涨了0.8%。

---

1 进一步的讨论参见中国金融四十人论坛“CF40观察 · 简报”系列研究报告。

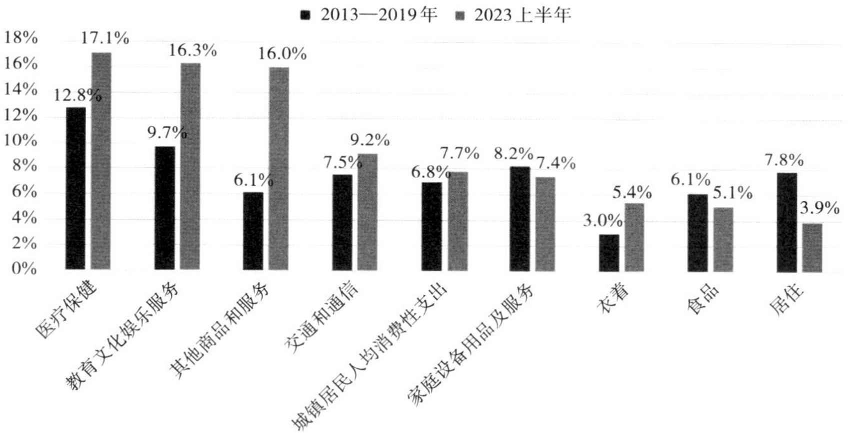

图1-1　2013—2019年与2023年上半年城镇消费平均增速对比

如果拿2023年几大类消费的增速和疫情前做对比（见图1-1），我们会发现更多信息：

· 最拖累消费增速的是房地产——居住消费增速腰斩，包括家庭设备用品在内的相关消费也出现了下滑。所以，这部分消费短期内更有可能迎来政策上的变化。

· 医疗保健、教育文化娱乐等服务型消费和CPI变化一致，增速维持在高位，还有持续上行的趋势。

· 食品消费增速下滑超过10%。这个趋势大概率是结构性的，食品行业进入更强的存量博弈期。

· 比较出乎意料的是，衣着消费增速相比疫情前几乎翻倍

（增长80%）。由于没有更为详细的分项数据，我们无法判断行业内的分化和演变，但一个合理的猜测是，这一趋势与消费价值观更倾向于“悦己”和“体验”有关。

当然我们要注意，2022年情况相对特殊，所以2023年的增速计算中会存在基数过低的问题。比如，之所以出现5.4%的衣着消费增速，很大程度上可能是由于2022年增速-2.2%的“天坑”。不过我们也用2013—2019年各行业的平均增速做了线性外推[1]，算出了趋势值，然后观察2023年各行业实际增速和趋势值中间的偏离情况，得到了同样的结论，证明这种结构上的趋势的确是存在的。

旅游业也有类似的特征。2023年，旅游是最热门的行业，但不管是在宏观数据上，还是在微观现象上，这个行业都呈现出**人均消费弱**和**出行意愿强**两个并不完全兼容的特征：“五一”和“十一”假期人均消费分别是2019年同期的84.1%和97.5%，而出行人次则分别是当时的119.1%和104.1%（见表1-1）。前面我们讨论过的“特种兵”旅游、短途游、近郊游，也都从侧面印证了**旅游消费市场的纠结**。

1 一种统计方法，基于现有数据预测未来的趋势。

表1-1　2023年“五一”“十一”假期
旅游业相比2019年同期恢复情况

总体情况	出行人次	旅游收入	人均消费			
“五一”假期	119.1%	100.7%	84.1%			
“十一”假期	104.1%	101.5%	97.5%			
旅客运输情况	全国运输总量	铁路旅客总量	公路旅客总量	水路旅客总量	民航旅客总量	高速公路流量
“五一”假期	80.7%	122.1%	70.6%	33.7%	104.2%	120.6%
“十一”假期	90.9%	102.2%	60.4%	69.0%	156.7%	136.8%

数据来源：文化和旅游部、交通运输部网站。均按可比口径计算。

按一个朋友的说法就是，“口红效应确实存在，大件消费下降，取悦自己的消费上升”。

“口红效应”是这两年很热门的一个词，意思是在经济不景气的时候，人们收入减少，消费也会减少，但消费的欲望依然存在。这个时候，人们就会减少买车、买房等大额支出，转而购买像口红这样单价低的悦己产品——很真实，很形象，也很容易理解。但我一直觉得，过度强调“口红效应”会产生误导性。

口红效应作为经济不景气的产物，会是短暂和周期性的，也会随着“经济恢复，周期上行”恢复原状。但实际上，当下中国消费市场是经济不景气和价值观变化叠加在一起的复杂情景——经济景气程度会波动变化，但价值观变化导致的趋势变化则是长期的，还会随着消费世代的变迁而增强。如果归因发生错误，可能会对未来的消费市场产生错判。

我一直试图给这些乱麻一样的现象和数据一个解释。郭凯用一句话替我做了总结：“**总消费不强体现的是总需求疲软，结构变化体现了价值观变迁，也有补上前期好几年没有服务消费的缺口的因素。**”

所以，2023年的中国消费市场，其实是**总需求疲软和价值观变化**的混合体，只是总需求萎缩过于严重，导致消费偏好上的变化不太显眼而已。从个人和企业的角度来说，总需求疲软是给定的外生变量，政策的方向和强弱都不是个体可以控制的。但看懂从价值观到消费偏好的变化，判断市场趋势，这是个体可以优化的部分。

用消费符号对抗消费主义

读历史是件有意思的事情。

前阵子看书时，我意识到，20世纪60年代的“反文化运动”[1]影响和重塑了美国的消费产品、品牌及营销模式，为之后

1 这一概念由美国学者西奥多·罗斯扎克在其1969年的著作《反文化的形成》(*The Making of a Counter Culture*) 一书中首次提出。这场运动涵盖了广泛的青年抗议运动，涉及社会、政治和文化领域，以对抗主流文化价值观为特征。主导这场运动的年轻人通常被称为“嬉皮士”。

空前的消费繁荣奠定了社会基础。但历史的吊诡之处就在这里：**消费主义，正是嬉皮士们竭力反抗和挣脱的主流桎梏**。

在此之前，美国已经进入生产和消费能力都极其强劲的“丰裕社会”。而战后“婴儿潮”中出生的一代，在持续上行的经济环境中长大，拥有更好的教育和眼界。同时，电视的普及也极大地改变了他们接收信息的方式和能力。用英格尔哈特的话来说，这是具有**后物质主义[1]价值观**的一代。

到了20世纪60年代末，欧美资本主义国家经济增速下滑；布雷顿森林体系带来的固定汇率和稳定利率环境遭到冲击，波动不断；从越战到拉美革命，全球战争和运动络绎不绝。在这样的背景下，这代人开始深刻质疑之前的生活方式和生存状态，比如高尚的住宅、齐全的电器、整齐的草坪、锃亮的汽车、微笑的先生（太太）、有教养的孩子，以及友善的邻居和狗……环保主义、极简主义、不婚主义、民权主义、女性主义……对“旧秩序”的种种反抗都在这个时期粉墨登场。

但有趣的事情发生了：**所有“反叛”都需要通过某种消费符号来实现**。比如远离大家庭独居，把家务劳动转化成社会购买，把消费场所从厨房、超市转换到餐厅、酒吧，把西装换成牛仔裤、运动装，把牛排、土豆换成有机素食，甚至奇装异服、

1　由美国政治学家、社会学家罗纳德·英格尔哈特于20世纪70年代在他的著作《静悄悄的革命》(*The Silent Revolution*)中提出，指个体在满足基本生活所需之后，会将需求转移到社交、亲密关系、自我成就等非物质的东西上。

摇滚乐、迷幻药，以及各种“精神产品”，**都一起成就了这场以“反消费主义”名义进行的消费主义盛宴。**

这个时期之后，美国消费市场上的产品和品牌出现了大洗牌：牛仔品牌李维斯通过服饰的自由和叛逆性，向世界表达不满，赢得了主流市场；大众公司推出的甲壳虫汽车则以低廉的价格和独特的设计成为嬉皮士文化的象征，至今不衰。对工业体系和资本主义的反抗映射在农业上，发展出了“有机农业”这个概念，然后形成了一个庞大的产业。今天全美最大的连锁有机超市全食超市就是其中的一部分。同样，著名运动服装品牌北面也是环保主义者创建的。

法国学者安东尼·加卢佐在《制造消费者：消费主义全球史》[1]一书中的精彩论述可以对这段历史做个总结，大意是：

现代社会最大的特征是，一个人的身份不是继承的，也不是被规定的，而是可以通过消费来被发明并认证的。

一旦生产能力和市场程度使任何消费行为都可以被满足，那么越是反主流、越是多元的价值观，越有利于促进市场分工。因为，价值观多元意味着身份和自我表达的多元，而这一切，都将通过“消费”来表达。

1 ［法］安东尼·加卢佐：《制造消费者：消费主义全球史》，马雅译，广东人民出版社 2022 年版。

花这么大篇幅讨论这段“美国往事”，是因为在2023年的中国，我嗅到了一些似曾相识的味道。美国著名历史学家威廉·曼彻斯特说：“如果对于新的繁荣所带来的50年代生活方式没有一定的体会，就不可能理解15年后发生的社会反抗。”[1]

而所谓“新的繁荣带来的50年代生活方式”和“15年后发生的社会反抗”，我们在今天的中国社会隐约能看到一些痕迹：比如持续的高增长落幕，全球政治和货币体系的动荡，人口高峰的下行；比如社会富庶程度的提高，教育背景的提升，以及技术冲击下信息获取方式和能力的变化……中国生于1990年之后的这几代人身上，已经明显带有**后物质主义价值观**的影子。

但不一样的地方也非常明显。

首先，中国的人口太多，地区经济发展水平差异太大，而价值观和经济发展水平本身是密切相关的。另外，美国大概在20世纪20年代完成城市化，隔了40年之后才发生社会价值观的变迁；而中国的这两个进程几乎是无缝对接的。甚至直到2022年，我们的城市化率也只有65%左右，城市文明对乡土文明的改造还在进行之中。这意味着我们会看到一张更加复杂的价值观图谱：物质主义的，后物质主义的，消费主义的，反消费主义的，多元的，单一的——它们并存、互相替代，或者糅合在一起，会形成一个层次丰富但可能相对分散的消费市场结构。

1　William Manchester, *The Glory and the Dream: A Narrative History of America, 1932-1972,* Bantam, 1984.

其次，中国和美国存在很大的文化差异。美国是移民国家，以个人主义和自由主义为底色，所以“愤怒、反叛、求异”的消费符号取得了最大共识。但在中国，无论“90后”“00后”“10后”有多么特立独行，这个民族的底色始终是集体主义和中庸主义，加上体制性和经济性的各种约束，“寻找认同”反而更可能是下一代价值观的公约数。

所以，如果说美国式YOLO是生死看淡、不服就干的任性，那么，中国式YOLO更多会是一种“被看见、被认同”的体验。

消费：比日常生活高15度

和“被看见、被认同”比起来，英文单词self-esteem其实更确切。这个单词的中文翻译，比如自我尊重、自我价值实现，我觉得都不太准确，但一时间也找不到更好的表达。在2023年的消费市场上，我们可以观察到很多self-esteem的蛛丝马迹。

孙博是独立旅行设计师平台“白日梦旅行”的创始人。所谓独立旅行设计师，就是她去邀约各个领域的专业人士，一起去设计艺术、音乐、历史、哲学，甚至心理的旅行——类似带客户步入现实世界中一个不同的梦境，所以叫“白日梦”。我俩约“面基”约了数年，都忙。今年某天临时起意，我跑到她顶楼的办公室，终于和她一起消磨了一个中午。看着楼下像蚁群一样的车流，孙博跟我说了她对行业的观察。

第一，旅游业表面繁荣大过实际增长。**YOLO带来繁荣，收入约束开支**。所以，传统意义上的旅游人数匹配消费力的公式已经失效。

第二，不同人群都在追求及时行乐，但行为上的分层加剧：

· 大众追求类似于“我逛，但我不买”这种低成本的体验。典型代表是各个城市的夜市，比如西安大唐不夜城、景德镇市集、重庆洪崖洞等。

· 中产追求高品质、社交化的体验。像阿那亚、松赞酒店这种自带标签、有社群属性的产品越来越受关注。

· 高净值人群则直接将“旅行”变成了获得更有价值的生命体验[1]的工具。

因为之前创办的PALA是高净值人群旅游市场的头部机构，孙博对这个人群疫情前后消费行为的变化会更具洞察力。所以，我追问她，什么叫“获得更有价值的生命体验的工具”。她告诉我，和2019年比，这个群体一次旅行的人均费用翻了两到三倍，大家不再以“旅行”为目的，而是以投资置业、自我成长、学习或身心健康为目的，相当于**通过旅行来对冲货币贬值和经济下行**。她补充了一句，“技术和财富，已经让部分人的生活半径

1　孙博的原话是“生命资产”，她解释说就是有价值的生命体验。

发生了改变，迁徙成了生活常态。旅行不是目的，只不过是生命体验的一种罢了。”

我正在写这段文稿的时候，手机“叮”的一响，抬头一看，好朋友馒头大师的公众号“馒头说”更新了。一张鸟瞰贵阳老城区的照片，简短的几句话：

这个周末，得空去了一次贵州。

不是签售，也没任何目的，纯体验。

这段时间难得出去一次，偷个懒，推送请假一次，发个PLOG[1]吧。

好地方，值得去。

我忍不住笑起来。生活有时候真是充满禅意。馒头这段话，恰好为“生命体验”做了个完美注脚。

孙博的观察在飞猪旅行的CEO（首席执行官）南天那儿也得到了印证。飞猪的用户里“90后”，甚至“95后”偏多，属于“后物质主义价值观”的年轻世代。2023年10月我们俩在杭州碰面时，国庆长假刚过。他说，从数据里确实能看到疫后旅游

1 指以图片和照片为媒介的博客形式。

市场在发生“结构性变化”。

一个最明显的趋势是，**传统的热门目的地失去光环**。相反，很多像江西赣州、河北张家口这种小众城市出现高增长。此外，**“强体验”的服务项目**，比如实景旅游、cosplay（角色扮演）旅拍等，都在快速崛起。

南天说自己也在琢磨这个世代在消费价值观上的变迁。他觉得这些现象可能意味着，**旅游这个行业的边界在重构**。对他来说，旅游业本来就应该是一种“本地消费”，只不过可以分为“本地人在本地消费”和“异地人在本地消费”而已。之前因为经验匮乏，更因为信息高度不对称，旅客专门去某个“景点”，干某种事情，多少带着圈养的性质。但现在这种属性的吸引力已经大幅下降。尤其对于已经习惯了“在路上”的年轻世代来说，旅行不是目的，融入当地生存状态的体验才是。穿着军绿色帆布衬衣和牛仔裤，不怎么像CEO的CEO南天颇有几分自恋地摸了摸头，说出了当天最具有哲学意味的一句话：

“旅行，就是离开你所住的地方。”

其实这也是我对2023年中国消费价值观的微妙变化的感受：

消费，不是物质主义的盛宴，而是一场场对日常经验的逃离。

消费的效用，越来越多地来自被看见和被认可。

这些变化不仅仅发生在旅游上，而是以不同面目在不同的市场/产品上出现。我们会看到，**不管是商品还是服务，都需要**

创造某种抱团取暖式的场景体验，更需要创造与生活相关，但又略略高于生活的体验。正如安东尼·加卢佐所说，“消费者部落让年轻人可以自愿选择自己归属的群体，而越是那些距离日常生活遥远的群体，就显得越有价值。”[1]

源于生活，高于生活。

在接下来的章节中，我们还会再遇见他们。

1 ［法］安东尼·加卢佐：《制造消费者：消费主义全球史》，马雅译，广东人民出版社2022年版。

第二章

生如夏花：品牌与爆款

一切行业都有爆款

2023年什么都缺，唯独不缺爆款。

11月初，我突然发现自己被《完蛋！我被美女包围了！》包围，到哪儿都能刷到和它相关的消息。社交媒体上，评论、短剧、短视频切片、直播话题不断，就连资本市场也非常热闹，相关题材公司股价暴涨。

再一琢磨，从年初到年末，从奶茶、饮料、游戏，到汽车、手机、药品，甚至到城市、活动，爆款层出不穷，几乎全年无休。

60年前安迪·沃霍尔[1]的预言似乎正在以一种奇怪的方式被验证：

谁，都可能在15分钟内出名。

谁，都能出名15分钟。[2]

1　美国艺术家，波普艺术的开创者之一。

2　转引自Jeff Guinn, Douglas Perry, *The Sixteenth Minute: Life in the Aftermath of Fame,* Tarcher, 2005.

这个“谁”，当然也包括一辆新能源车。

制造黑马：问界新M7

2023年10月，新能源车市场被“问界新M7”刷屏。这是华为和赛力斯共同设计的一款中大型增程式混动SUV，软硬件全高配——华为高阶智能驾驶系统、鸿蒙智能座舱，所以定价并不便宜，官方指导价在24.98万—32.98万元。

但30万元左右的价格没有影响它的热卖。“十一”黄金周战报揭晓：新M7订单量累计突破5万辆，比蔚来ES6车型2022年全年总销量还多8000辆。而这时，距离9月12日问界新M7上市还不到一个月。相比之下，老款的问界M7在2023年8月份的销量是988辆——血统极其相似的两款车，销量相差了不止50倍。

一个月前还如履薄冰的余承东[1]忍不住感慨：“起死回生，真不容易！”

问界新M7这个“爆款”来得如此突然，连一向前瞻的资本市场都没有回过神。汽车行业的研究员们甚至来不及“卷”——从新M7上市到9月末，全市场仅4家券商更新了制造商赛力斯（601127.SH）的个股跟踪报告。

---

1 华为常务董事、终端BG CEO、智能汽车解决方案BU董事长。

但资金很快用脚投票。9月14日，中信证券的赛力斯买入评级目标价是48元。11月初，赛力斯股价已翻倍，一度触及99.97元的高位。一个半月的时间，赛力斯股票的回报率高达120.15%，进入A股的千亿市值俱乐部。而同期A股上证指数和创业板指数的回报率分别是-2.68%和-1.50%。

一个爆款车型，引发了一个企业市值的狂欢，也引发了资本市场话语体系的巨大分歧。

对于传统的价值投资者来说，赛力斯的价格就是泡沫。毕竟从财务指标来看，赛力斯股价已经很贵。中国最大的传统车企之一上汽集团，2023年11月初的市值是1750亿元，而上汽上一年度的汽车销量是532万辆。对比之下，赛力斯市值达到1475亿元的时候，一共才生产了16.5万辆车。相差31倍的产量，相差无几的市值。

所以难怪老派点的基金经理们会质疑："如何验证赛力斯销量未来的可持续性？""怎么确定这不是下一个乐视？"

但对于新锐的爆款经济投资者来说，赛力斯一飞冲天的股价，没毛病。

在给初创公司估值的时候，有一种叫快速长大（GBF，Get Big Fast）的方法，就是找到一个未来可能的目标作为对标物，推算初创公司可能达到的市场天花板。然后假设这家初创公司能拿到融资、快速成长，进而推算出一个未来的理想状况，最后用这个理想状况折现，判断现在公司值多少钱。[1]

按照这种逻辑，有券商给出了对赛力斯2023—2025年营业收入的预期，分别约为396亿元、1109亿元和1632亿元，同比增长分别为16.19%、179.75%和47.23%，最终得出目标价格是110.34元。和这个目标价相比，90多元确实不算离谱。至于预期能否实现，中间会发生多少参数上的变化，那都是新物种成长的烦恼了。

毕竟，物种进化，从来都是一场优胜劣汰的豪赌。

除了估值爆发外，一个爆款产品引发的狂欢还会蔓延：为了追赶产能，赛力斯对整个产业链和供应链追加投资了10亿元，增加了2万名工人。随即，给问界新M7供应车身结构件的文灿股份、供应超纤材料的明新旭腾、供应高压连接器的永贵电器……都纷纷被投资者追捧，股价涨幅最高超过100%。

新M7这样的故事，2023年几乎在所有行业上演。

靠爆款“神药”突围

2023年，但凡对体重有所顾忌的中年人，谁会没听说过“司美格鲁肽”呢？这是一款连马斯克、卡戴珊、英国前首相约翰逊都在用的减肥“神药”。全球第一网红马斯克同学在X

1 详见《熟经济：香帅财富报告3》第九章“投资篇：冰火两重天”。

上宣布，自己靠这款“神药”和间歇性断食在4个月内减重27斤。

生产司美格鲁肽的是丹麦药企诺和诺德。2023年前三季度，司美格鲁肽销售额为218亿丹麦克朗，同比增速高达481%。但即便是这种增速，药品仍然无法满足消费者的需求，以致被列入了美国紧缺药品目录。

2023年10月13日，诺和诺德股价达到104美元新高，市值达到4400亿美元，一举成为欧洲市值之王。同一天，美国礼来制药股价也达到629.97美元的历史性高位，市值5390亿美元，跻身美股市值前10名之列。让它股价上涨65%的，是一款名叫替尔泊肽的减肥药。

医药行业靠爆款产品拉动不是新鲜故事。几乎所有的药企，呕心沥血搞十亿、百亿级别的研发，梦寐以求的就是做出有突破性进展的爆款——因为畅销药热卖，是撑起药企市值的根本逻辑。

根据各大跨国药企披露的2023年半年报数据，默沙东仅帕博利珠单抗（K药）一个爆款，半年就有121亿美元的销售额，艾伯维和赛诺菲各自的爆款药也都有50亿美元以上的销售额。而中国知名药企百济神州和片仔癀，也都有各自单品销售额在20亿元以上的爆款药（见表2-1）。

表2–1　国内外代表性药企的爆款药品和市值

公司	爆款药品	2023年上半年销售额	2023年6月30日总市值
默沙东	帕博利珠单抗 (Keytruda)	121亿美元	2930亿美元
艾伯维	阿达木单抗 (Humira)	76亿美元	2378亿美元
赛诺菲	度普利尤单抗 (Dupixent)	53亿美元	1351亿美元
百济神州	泽布替尼（百悦泽）	36亿元	1370亿元
片仔癀	片仔癀（锭剂+胶囊）	23亿元	1728亿元

数据来源：各企业2023年半年报、Wind。

为什么药企对爆款依赖度这么大？

因为大规模生产制造不是难题。举个例子。在常用药领域，“拿”到布洛芬注册批文的国产企业就超过500家。竞争如此激烈，“卷”到最后，利润极其微薄。大小药企“卷”了很多年，“卷”药品研发，“卷”临床试验，还“卷”专利有效期，但说实话，常用药领域想做到“稀有独特”，确实压力大、概率低。在这种情况下，药企们早就已经想清楚，只有在“突破性治疗药物领域”和“消费医疗领域”这两个极端市场制造出爆品，才有大钱可赚。

在这种内卷的市场上，平庸就是灰头土脸的代名词。只有爆款，才有暴利；只有“药王”，才是药企的现金流护城河。

换句话说，打造爆款，是极致内卷的工业制造品竞技赛中、高度同质化的营销环境中，企业制胜的重要法宝。

所以，哈佛商学院的安妮塔·埃尔伯斯教授在《爆款：如何打造超级IP》一书中断言，“未来市场仍将由爆款占据主导，而市场份额分布不均的现象也可能会越发突出”，“一切行业皆有爆款”。[1]

还记得大明湖畔的夏雨荷吗

对于“一切行业皆有爆款”这句话，游戏和休闲食品行业可能体感更强烈。但是，爆款就像爱情，来得快，也去得快。

本节开头提到的游戏《完蛋！我被美女包围了！》（下称《完蛋！》），刚上线就连续登顶电子游戏数字发行平台Steam的国区畅销榜。抖音上，同名话题的累计观看量仅在11月初就高达12亿次。得益于这款游戏的爆火，A股市场上但凡沾边“互动影视游戏”的概念股都鸡犬升天，包括短剧概念龙头公司在内的一众股票咸鱼翻身——从11月2日到11月10日，短短7个交易日内就实现了股价翻倍。但好景不长，上市4周后，这股“完蛋”热浪便开始退潮，24小时内在线的玩家仅剩巅峰时期的1/5，销量和评论数量也都大幅下滑。

《完蛋！》不是什么特例。仅2023年，《蛋仔派对》《逆水

1 ［美］安妮塔·埃尔伯斯：《爆款：如何打造超级IP》，杨雨译，中信出版集团2016年版。

寒》……光爆款手游就来来去去了好几轮。再往前推，2022年的全民游戏《羊了个羊》也是“开到荼蘼”的典型。2022年9月13日，《羊了个羊》登上微博热搜榜第一，霸榜长达40小时，仅3天就实现日活过亿，微博话题累计阅读量达25亿。巨量洪流瞬间涌来，服务器24小时内崩溃了3次。然而浪来得快，去得也快。

2022年9月19日到9月22日，《羊了个羊》的微信指数热度从3.88亿跌到8543万，3天下降了78%；2022年9月到11月，《羊了个羊》的百度搜索指数水平从41万跌到1300，2个月下降了99.7%（见图2-1）。

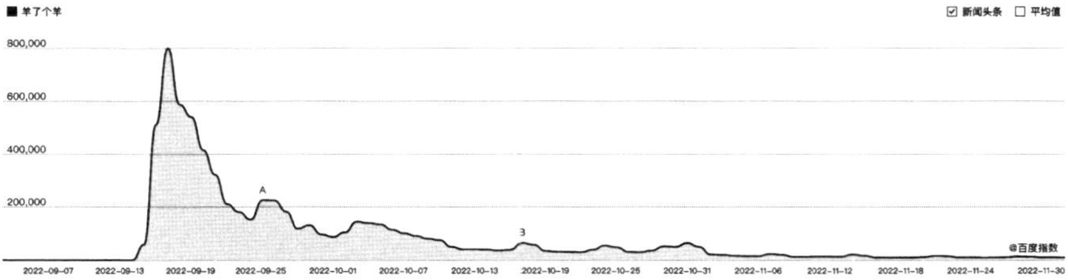

图2-1 《羊了个羊》百度搜索指数

同样，时至今日，“厄瓜多尔粉钻”“杏余年”这两个曾经红极一时的雪糕爆品，你还能想起来吗？

2018年“双十一”期间，“雪糕界的爱马仕”钟薛高推出售价66元的“厄瓜多尔粉钻”，15个小时内售空2万支。2021年，钟薛高与电视剧《庆余年》联名的“杏余年”雪糕，发售价为

68元，一度被黄牛炒至200元，甚至像爱马仕的铂金包一样，需要配货！

作为一个爆款频出的品牌，钟薛高从2019年到2021年蝉联“6.18”天猫冰品类目销售冠军。但从2022年的“雪糕刺客”事件开始，钟薛高进入了下滑通道。2023年夏季，钟薛高销量低迷，无缘冰品销售榜单。与此同时，网上也出现了关于“钟薛高欠薪”的新闻。

原因很简单——当下的钟薛高失去了出品爆款的能力。面对2023年夏季的销售疲软，钟薛高内部也在不停寻找原因，甚至突破自己的高价人设，推出了仅售3.5元的平价系列“Sa'Saa”。但是市场不买账。在网上一个题为“怎么看待钟薛高推出3.5元雪糕”的投票区，参与投票的11.5万网友中，有4.9万表示“不支持，又是在搞噱头”。

但这一切都是因为钟薛高不够努力吗？说实话，这种评价未免苛责。

谁都想打造爆款。但一个爆款出圈，要占尽天时地利人和，而它被遗忘的速度也比我们想象的要快得多。

为什么？因为信息的供给几乎是无穷的，而人的注意力是极其有限的。

比如说，作为种草大本营，小红书的用户推荐一直被认为是相对真实、克制的。但即使按照小红书当前的发布频率，1周内种草笔记也超过了50万篇，1个月超过300万篇，3个月则超过1100万篇[1]——春风未过处，新草已遍野。

鱼的记忆只有7秒，在这样的信息环境中，人的记忆比鱼还短。爆款会不断产生又不断消失，犹如夏花，开过即逝。

1 数据源自新红数据的“种草流量大盘”。

生如夏花：时间的相对论

这和商学院里曾被奉为圭臬的“创新扩散理论”说的不太一样。

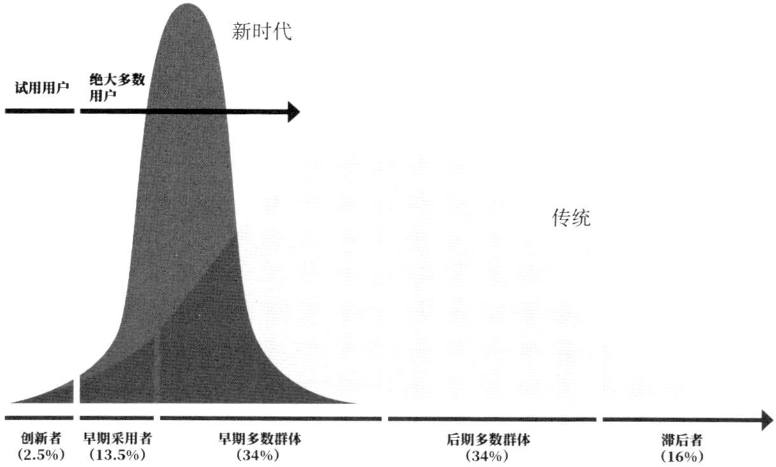

图2-2　传统 vs 新时代的创新产品扩散曲线对比

1962年，美国学者埃弗雷特·罗杰斯提出了著名的创新扩散理论，用钟形曲线来描述产品的生命周期。[1]如图2-2右侧的浅

1　Everett M. Rogers, *Diffusion of Innovations,* Free Press, 2003.

灰色钟形所示，对于新品牌/新产品，市场一开始都很谨慎。随着市场逐渐扩大，新事物会缓慢迎来它的早期大多数用户，然后慢慢地减速、衰落，形成一个标准的钟形生命周期。

2014年，这个理论被埃森哲的拉里·唐斯和保罗·努恩斯进行了修正。如图2-2左侧的深灰色钟形所示，互联网时代颠覆性的技术和产品，会在极短的早期后快速地向市场渗透，赢得巨大市场，然后快速进入衰落期，形成一个峰状的钟形生命周期。也就是说，一个峰状钟形生命周期的产品，能在更短时间内占领更大市场，当然，走向衰落的时间也相应地大大缩短。[1]

一个产品或品牌，为什么会从**标准钟形生命周期**变为**峰状钟形生命周期**？这个问题可能有无数答案，但回到最底层、最具哲学意味的框架中，答案只有一个：**技术改变了它们所面对的时间和空间的概念，时间缩短，空间扩张。**

技术让信息传播速度更快，触达人群更广，产品迭代更快，占领心智的时间更短。这个逻辑在2013年移动互联网和社交媒体兴起之后，开始被无限加强。

稍微回想一下：1周销售27.6万部的华为Mate60 Pro；1场直播卖出7亿元的广东夫妇；1周播放量超3600万的短视频《回村三天，二舅治好了我的精神内耗》；1周播放量超2.9亿的短剧

1 这种产品经常会构成“伟大行业、平庸投资”的悖论。具体请参考《熟经济：香帅财富报告3》第八章“二级市场篇：没那么简单”。

《逃出大英博物馆》；1周涨粉3000万的刘畊宏；1周引发“在小小的花园里面挖呀挖呀挖”相关视频播放量达2338亿次的黄老师；还有曾引发数亿流量狂欢，导致游客比常住人口还多的三五线城市，比如山东淄博、贵州榕江……

一件衣服、一杯奶茶、一部手机、一个视频，或者一个人、一座城——如果我们将这些都视为产品的话，那么当下，所有产品的生命周期都被压缩到了极短，而它们触达的市场却变得极宽。

这让我继续思考关于时间和空间的问题。

作为一种信息生物，我们人类拥有的无非就是空间和时间两个维度。自从苹果开启了移动互联网时代后，数据喷涌。谷歌前CEO埃里克·施密特在2010年说过，“从人类文明的伊始到2003年间，我们创造了5艾字节[1]的信息，但现在每2天就会创造出这么多的信息。”[2]这个速度还在加快，现在我们每天产生的数据量已经是2010年的80倍。

这意味着，我们面对的信息空间被无限扩张，而信息流动的速度在加快。就像《星际穿越》中的场景一样，我们感受到的时间被压缩了，变短了。所以在哲学的意义上，“一夜爆红，转瞬即逝”，意味着**时间的相对论发生了：在今天的技术条件下，**

1　EB，指百亿亿字节。

2　2010年10月5日，时任谷歌CEO埃里克·施密特在太浩湖举行的Techonomy会议上发表讲话。

所有生命面对的时间都变快了。

想到这里，我感到血往头上涌。这才是根本性的变化：品牌、影响力、价值……本质上都是人类的共识。当时间变“短”的时候，共识构建和破裂的速度也会变快。

换句话说，生如夏花，好像正是当下爆款的宿命：你可以在极短的时间内触达更多用户，占领更大市场，但也会更快地被遗忘。无论是谁，面对的都是一个更广阔，但也更稍纵即逝的市场。

理性之举：押注爆款

我们真的需要爆款吗？这是个问题。

前几年和芒果TV的朋友聊天，说起他们做的节目容易火。朋友笑，说所有的影视制作公司都知道，一个片子，火不火、爆不爆，很大程度上是玄学。上百年来莫不如此。就连当年信誓旦旦要颠覆行业模式、创造确定性的奈飞，现在都不再轻易说确定性了。

实际上，在开发和营销产品时，究竟是应该**“押注爆款”**还是应该**“均匀分配资源”**，一直是一个充满争议的话题。在充满高度不确定性的环境中，似乎在产品线中均匀分配资源是相对安全的方法。毕竟，没人能准确判断什么产品会流行，又会流行多久，在单个产品上下大赌注，是一种风险过大的策略。

但是，安妮塔·埃尔伯斯教授认为这个想法不对。在她看来，即使在最具不确定性的娱乐行业，也必须采取“重磅策略”，即重金投入爆款产品研发。因为只有这样，才能集结制作、营销、发行等各方面的最大努力，预期回报会比在所有产品上平均用力要高。[1]

爆款经济学

为了弄清楚“均匀下注”和“押注爆款”的策略哪个占优，我们团队做了个简单的模型计算。

假设一家公司有10亿元资金，要决定是否采用爆款策略。

策略1：非爆款策略，即资源平均分配。将10亿元资金投在100个成本分别为1000万元的普通产品上。

策略2：爆款策略，即资源向爆款产品倾斜。将9亿元资金投在9个成本分别为1亿元的潜在爆款产品上，另外1亿元投在10个成本分别为1000万元的普通产品上。

假设普通产品的平均回报率是5%；而爆款产品一旦成功，回报率将是2000%。但是，潜在爆款产品是否能“火”，非常依赖环境、运气等各种因素。假设乐观情形下9个潜在爆款产品中有2个能跑出来，普通情形下有1个能跑出来，运气不好则颗粒无收，即出现爆款的概率分别为22.2%、11.1%和0。

1 ［美］安妮塔·埃尔伯斯：《爆款：如何打造超级IP》，杨雨译，中信出版社2016年版。

简单的计算告诉我们（见表2-2）：

非爆款策略的预期净利润是5000万元；而爆款策略在乐观情形下，净利润是31.05亿元，在普通情形下净利润是11.05亿元，仅在悲观情形下亏损8.95亿元——如果3种情形出现的概率相同，那么爆款策略的预期净利润则为11.05亿，远远超过非爆款策略。

表2-2　非爆款策略与爆款策略对比

	非爆款策略	爆款策略		
		乐观情形	普通情形	悲观情形
制作数量	100	9/10	9/10	9/10
单位制作成本	1000万元	1亿元/1000万元		
成为爆款数量	0	2	1	0
成为爆款比例	0	22.2%	11.1%	0
总营业收入	10.5亿元	41.05亿元	21.05亿元	1.05亿元
营业成本	10亿元	10亿元	10亿元	10亿元
净利润	0.5亿元	31.05亿元	11.05亿元	-8.95亿元

这当然是个最简化的计算，但我们确实能从中看出，为什么现在从电影制片、图书出版、游戏开发，到食品饮料、纺织服装，越来越多的商家、厂家都在爆款产品的研发和制作上下血本。因为在技术变迁让我们的注意力变得更稀缺，而市场爆

发力变得更强的环境中，押注爆款的“重磅策略”是理性的。

尤其在当下的中国市场，还有两个因素，也会让企业被迫采取爆款策略。

第一，**市场下行，平均回报率下降**。这几年经济大环境不好，很多市场都面临下行压力，普通产品的平均回报率不断下降。经济学告诉我们，人们在不稳定的下行市场中更倾向于冒险，因为反正中庸安定也未见得能收获稳稳的幸福，不如豪赌一把。所以，在市场整体萎缩的情况下，爆款策略可能更占优。

第二，**从众心理**。人类都有从众心理。而且，面临的选择越多，我们越容易从众，因为信息过载容易导致我们更加无所适从。就像英国经济学家保罗·奥默罗德所说，“人们在面临大量选择时会改变自己的行为，更有可能复制和效仿他们信任判断的人。在这种模式中，某些东西开始流行不是因为它的客观品质，而是因为它已经流行了。”[1]

娱乐市场监测机构Luminate做过一个统计：2022年，它在各种流媒体上监测的1.58亿首歌曲中，有6710万首播放量少于10，3800万首播放量为0，这两者加起来数量占比达到了66%；而前3000首最流行的歌曲，数量占比不到0.002%，流量占比却达到24%。[2]

---

1 ［英］保罗·奥默罗德：《蝴蝶效应：经济和社会中那些不可忽略的小事件》，刘娟、李萌译，人民邮电出版社2016版。

2 数据源自Luminate CEO罗伯·乔纳斯在SXSW2023上的演讲。

它流行，是因为它已经流行。

这就是人性，而技术将人性的这个特点无限地放大了。从社会进步、文化繁荣的角度看，这未见得是个令人兴奋的现象，但对于企业和个人来说，这确实是当下的现实约束条件——从前，时间犹如深潭，慢慢地累积，慢慢地成长。今天，时间犹如激流，瞬间奔涌至高潮，又瞬间荡涤一空。

每个人都可能在15分钟内出名，每个人都能出名15分钟。

也许，我们都需要一个15分钟。

爆款有公式吗

每个人都可以有，也需要有一个被看见的15分钟。可爆款不是玄学吗？

“需要”有用吗？

在一个数字主导的世界里，爆款其实不是玄学，而是概率。概率不是确定性，但可以被修正、改进。

很明显，**任何爆款之所以出现，真正起决定作用的是产品本身**。而当下的情况是：供给端饱和，同质化竞争；需求端则总量萎缩，价值观多元化。所以，没有“创新”“创意”的产品，几乎没有立足之地。

20世纪40年代，熊彼特提出过创新的5种方式[1]：

1. 采用一种有革命性创新的新生产方法；

2. 采用一种新产品/研发产品新特征；

3. 开辟一个新市场；

1 ［美］约瑟夫·熊彼特：《经济发展理论》，何畏、易家详等译，商务印书馆2020年版。

4. 控制原材料或半制成品的一种新的供应来源；

5. 实现一种新的组织形式。

要承认，受体制、文化、经济实力等各种因素影响，对于中国的绝大部分个体来说，“采用一种有革命性创新的新生产方法”和“控制原材料或半制成品的一种新的供应来源”是相对困难的。而另外几种创新方式，能做好其中之一，或者做出组合，都可能产生新机会。更何况，现在供给侧虽然“卷”，但创新度并不高，而需求侧就像第一章讨论过的，也在发生重大变化。

所以，对很多新入场的人来说，这未尝不是重新洗牌、逆天改命的机会。

创新组合牌局

在中国游戏界，米哈游是神迹般的存在。

2023年，它的3个创始人——蔡浩宇、刘伟和罗宇皓，身家分别是553.5亿元、305.1亿元，以及288.9亿元。这一年，他们都36岁。

时间往前回退3年。2020年9月28日，《原神》上线，当月就以2.45亿美元的流水拿下全球手游排行榜第一。接下来3个月，《原神》继续疯狂吸金，当年收入90亿元。此前，腾讯、网易是中国游戏界的双巨头，而在《原神》问世之后，有人认为"三巨头"时代已经开启。到了2023年，不管是营收还是利润，米哈游都稳居业界第三，尤其在利润这块，已经追网易追得很紧。

更神奇的是，米哈游只做二次元，相对是个小领域。按照刘伟的说法，就是"萌系移动游戏"，"要解决宅男的需求"。而且，手游研发是个超"卷"的市场，一款游戏能杀出来成为爆款，极不容易。但米哈游只要一出游戏，基本就是通吃全球市场的精品爆款。[1]比如，2023年4月底上市的新游戏《崩坏：星穹铁道》，上线首周下载量就达到了《原神》同期的1.6倍，并在5月登顶中国手游出海收入榜和飙升榜双榜首，上线3个月累计收入约5亿美元。

换句话说，米哈游的爆款，是硬碰硬地靠产品驱动的。如果按照熊彼特的框架分析，在5个创新方式中，米哈游占据了2个：新市场和创新产品——**在二次元这个新市场里，做出了跨平台兼容的3A级游戏。**

2011年米哈游成立的时候，二次元在中国还是非主流亚文化，市场上供给极少。但到了2022年，中国二次元内容产业的市场规模已经达到662.1亿元，全球则是260亿—280亿美元[2]——在这个意义上，米哈游的爆款制造，新市场功不可没。

---

1 如《崩坏学园》《崩坏学园2》《崩坏学园3》《原神》《崩坏：星穹铁道》和《未定事件簿》等。

2 数据源自Grand View Research和Research and Markets。

不过，中国游戏制作领域向来很“卷”，光靠一个新的二次元市场，企业很难长期立足。《原神》之所以火爆全球，也在于产品层面的创新：它是一个跨平台兼容的3A级游戏。

3A级，指高成本、高体量、高质量。玩家口中的3A级一般都是*Dota*、《星际争霸》这样的国外游戏。因为成本高、难度大，中国的3A级游戏凤毛麟角。

跨平台兼容也是个问题，要保证不同语种、不同设备，比如电脑、手机[1]，都可以玩，对技术和运营要求都很高，也很少有游戏能做到。

但《原神》居然鱼和熊掌得兼：长达3年、耗资7亿元的研发，700人的研发运维团队，2022年每6周就更新一次版本，从电脑到智能手机、游戏主机，从Windows到iOS、Android，跨平台无缝对接。

米哈游当然是这种“创新组合牌”中可遇不可求的顶流。但新产品（新产品特征）、新市场和新组织形式，企业选定了其一，或者其中几个做组合，都可能提高出爆款的概率。

比如当年钟薛高的“厄瓜多尔粉钻”，就是产品特征创新。将全球稀有的粉色巧克力加入雪糕当中，既可以增加视觉、味觉体验，也可以制造话题，加速传播。

再比如义乌一家企业，它的数码纺织打印机能把彩色墨水

1　手机上是简化版。

直接打印到十字绣上。这一新技术使该企业在半年内产值增长了3倍，利润增长了2倍。

我们再仔细想想，“得到”这样的企业，其实也是在技术和社会变化的过程中，找到了一个细分的新市场。这个新生态不仅长出了“得到”，还滋养出了不少新的商业模式。

所以，我们总是要相信，每块乌云都镶着金边。

速度与数量原则

除了产品创新之外，想提高出现爆款的概率，还有一条路径：加速，铺量。

瑞幸、Tims、星巴克、挪瓦、Manner、库迪、幸运咖等连锁咖啡品牌，为了打造爆款，基本上都保持着每个月至少上新1—2款的节奏。上新速度快意味着口味更多，出现爆款的概率自然更高。

类似的还有以希音（SHEIN）为代表的快时尚服装品牌。SHEIN“小单快返”的柔性供应链体系，本质上就是既靠量也靠速度去对抗概率。据SHEIN官网介绍，每种款式它们最开始只生产100—200件，先拿到市场上去试。如果某个款式很受欢迎，它们再灵活、快速地响应需求——获得反馈，优化迭代，用**速度、数量去提高出现爆款的概率**。

我看到一个有意思的现象——这个“以量取胜”的逻辑，在

2023年的电影市场上表现得特别明显。

问两个问题：

1.你今年看了几部电影？

很抱歉，我的答案是0，拉了全国的后腿。截至10月17日，2023年前3季度全国人均观影2.42部，相比2019年的3.25部（全年），下降了25.5%。[1]

2.那你今年知道/熟悉几部电影？

我脑子里飞速过了一下，从暑期档开始，从《消失的她》开始，七八部吧，就是那种能随口报出主演名字，知道故事梗概，而且脑子里能浮现出几个经典桥段的熟悉程度。比如李木子被锁进深海铁笼，自己摘掉氧气面罩加速死亡的画面；比如娜然刚被九尾狐附身时在雪中爬行的场景；比如陈冲面对丈夫背叛时的眼神；比如王传君暗示手下杀人后再虔诚拜佛的名场面……

对，都是从短视频切片和各种评论中获得的信息。

视频化、碎片化是今年电影宣发最大的特征。之前电影宣发以主演和制作方为中心。标准流程是召开媒体见面会，导演率主演和媒体、观众见面互动；接下来召开首映礼、点映式，让少数专业人员给出评价，开始写各种通稿；最后再由制作方安排团队上各种综艺进行宣传推广。好的综艺节目就是最大的

1　张靖超：《2023年电影票房即将突破500亿 但多项观影指标仍未恢复到位》，https://www.163.com/dy/article/IIT0RR0I05199NHJ.html，2023年11月2日访问。

曝光渠道。比如之前就有人说，“谁上《快乐大本营》谁火”。

但今年打法很不一样。上面这些动作也都在，但变成了“素材/物料”。短视频平台等数字渠道才是主战场。制作方会开设独立的短视频账号，创新“拼图式电影”。一部100分钟的完整剧情片，被切割成15秒、30秒、1分钟的视频，包括高潮、花絮、画面、桥段、金句……进行大批量的投放，然后找潜在爆点，再跟进。本质上和前面说到的SHEIN小单试水市场，然后快速反馈迭代的方法类似。

比如年度热片《孤注一掷》，截至2023年11月，票房38.48亿元，抖音官方账号获得2.37亿次点赞，主话题播放量213.5亿。但片子早期宣发时其实很不顺利。最开始制作方按照老套路，把短视频宣传重心落在主角张艺兴和金晨身上，主打俊男受刑、美女性感，但效果并不好。从6月15日宣布定档开始，两周宣发后，猫眼每日新增想看人数才1000。一直到6月29日，该片抖音官方账号发布了另一条视频——王传君诈骗团伙喊洗脑口号（“想成功先发疯！不顾一切向钱冲！”）——奇迹出现了，视频上线当天就获得百万点赞，猫眼的想看人数新增37515，比6月1日以来累计的想看人数还多。

宣发团队意识到“爆款”机会来了，马上调整方向，将短视频营销重心放在了反派角色王传君身上。7月18日，《孤注一掷》抖音官方账号发布王传君拜佛视频，再次爆火。很多抖音大V开始模仿，又贡献了多条百万点赞的短视频。猫眼上的想看人数也迎来第二波数据高峰。写到这里，我打开这部片子的官方账号，发现排在最前面的热门视频，大部分跟王传君相关。

2023年票房超过10亿元的热门电影，都采取了类似的宣发方式。电影宣发时用短视频营销并不新鲜，大概从2017年就开始了。**但如此大面积地对电影本身进行“碎片化”，2023年是元年**。暑假关注到这个现象后，我一直隐隐觉得它对整个内容行业，对品牌营销和市场推广，都可能有更深层次的意义，但没有想得很清楚。直到10月初整理“品牌与爆款”这一章的资料时，我才慢慢理出一条线索。

绝大多数情况下，我们被一部电影（作品）打动，是因为某个情节、某种情绪，甚至某种氛围，总之**触动是点状的**。在当下这种观点和情绪都极其异质化，信息供给极其充沛，而注意力又极其稀缺和短暂的环境中，哪些点能取得最大的共识、共鸣，是很具有随机性的。

但是别忘了，数字平台有个重要的经济特征，即内容供给的边际成本几乎为零。比如，“王传君拜佛”这个情节，和做一条视频相比，做N条视频所增加的成本极其有限。而且一旦触发了某个点，人民群众自发的创造力涌现出来后，成本甚至会转化成收益。**所以“碎片化”就是化整为零，将一个大包装拆解成许多个小包装，用大数去对抗随机性。**

这就好比说，烤乳猪店要打响招牌，原来会上一道耗时费力的烤乳猪，现在不行，用餐时间太短，菜品数量太少，不足以一击制胜。怎么办？**化整为零，二次加工，试吃试用**——乳猪皮、猪蹄、猪腿、猪耳、猪脸，都切那么几块精华，弄出来做小碟沙拉、点心、配菜，甚至零食。之前不用的猪肝、猪肺更不能丢，夫妻肺片、酱猪肝、卤煮，都指着呢。一顿三小时的饭吃成了一场三天的流水席。街坊邻居多少都尝过一点，说不定哪天就去了店里呢。更重要的是，哪道小菜受欢迎，得立马揪着不放，把它做深做透——反正目标只有一个，让大家知道这个店。过程、手段不重要，目标实现即可。

但是，这里面是存在悖论的。任何行业中，一种模式出现后，经常会变成套路。而能赚点快钱的套路一旦流行，很容易发生劣币驱逐良币的现象，最后伤害到行业本身的发展。

前两天我看到一个公众号“差评”，里面有篇文章说到了电影宣发中的“摆拍”。比如一个视频中，某放映现场的一只萌狗，看到电影的某情节，忍不住大眼湿漉……配的文案是“也许它们才懂，真正的感同身受”。

关于电影宣发中为了拿捏观众情绪而去触发流量机制的问题，以及可能造成的后果，这篇文章分析得很到位，我在这里摘录一段：

从各大电影宣传成功的例子，很明显能学到一点，引爆宣发效果的关键点，在于掌控情绪……只要掌控了观众的情绪，观众就愿意成为“自来水”转发分享，流量迅速裂变。但，不是每个电影都有掌控观众情绪的硬实力，也不是每一个原始花絮和观众反应都有传播开的潜力。

那咋办，摆拍呗。

……

其实电影搞宣发是没问题的，“酒香不怕巷子深”不完全适用于影视行业。但如果宣发成了主角，替代口碑主导票房，观众的体验就会极差。[1]

所以，情绪，是爆款经济中没法回避的问题。

我们团队的陈靖博士[2]说，作为一个既信玄学又信科学，既信宿命又不认命，既佛系又内卷的当代青年，她在翻阅了大量文献后，总结了一个不宜公式化使用的爆款产品公式：

爆款产品=客观概率 × 产品创新 × 情感链接

成为爆款是个概率问题，这是要承认的现实。产品创新则是提高爆款概率的基本盘。创新有很多方式、路径，前面我们讲过的新市场、新特征都是。这一节讲到的“速度和数量原则”，

1 《中国的短视频电影宣发，约等于诈骗》，载微信公众号“差评”2023年10月19日。

2 中国农业大学助理教授，香帅数字经济工作室高级研究员，北京大学光华管理学院经济学博士，多伦多大学罗德曼商学院联合培养。

其实也是营销/宣发上的创新。而这种创新，直接要面对的就是情绪。

情感链接

带着这个想法再看热门影片的碎片视频，我就有了不一样的感触，也更理解今天所在的这个当下。所有爆款视频，包括《孤注一掷》的王传君杀人拜佛、《满江红》的雷佳音嘶吼背诵《满江红》、《封神》的妲己化身九尾狐用自己千年修为换商王活命，都有三个特征：一是“**微小**”，二是“**复杂**”，三是“**宣泄**”。

宏大叙事的魔力消失殆尽，人们已经隐入烟尘凡间历劫：饮食男女，面对现实婚恋的焦虑、困惑、挣扎，贫富差距拉大，对贪腐的关注，对金钱和权力那种既痛恨又期望窥探和宣泄的心情，职场乏力但又想逆天改命的迫切，老年人的孤独……这世界不是爱拼就会赢，也不是非黑即白，没有童话，却有很多丑陋。完整的故事被解构成一个个真实情绪的出口。

这是好，还是坏？我无法判断。但我知道，这是现实。

7月的某天，我跟三个朋友聊天，他们分别从不同角度讲了三句话。

罗振宇说："表达要呼应社会情绪，否则就失去了价值。"

梁怿说："呼应社会情绪不等于迎合社会情绪。"

张志清说："流量是有价值观的。"

这三句话其实是他们三个在不同场景下、针对不同问题讲出来的，却以一种奇怪的方式被黏合在了一起。回头想，关于"情绪"和"产品"的答案可能就在这三句话中间。坦白说，在决定这本书的名字《微利社会》时，其实我也想到了这三句话。

我忘了在什么地方看过一句话，大意是说，任何爆款，多少都是因为它击中了人群在特定的时间、空间里的特定情感需求，在人群中产生了链接和共振。我感觉，这句话从来没有像今天这么正确过。

所以还是回到这一章的出发点吧，在一个生如夏花的时代，对于产品（品牌）来说，爆款也许是一种解题的思路，但不要忘记——

伟大的产品应该首先满足人的情感需求，而不仅仅是提供功能性的好处。

因为后者的竞争，已经过于拥挤。

但，也要记住，流量是有价值观的。

第三章

房子与屋子：消失的炼金术

阿那亚原来是个房地产项目

2023年10月20日，晚上七点半，微信朋友圈开始刷屏。吉他弦拨响，白衣黑裤的李健放下抱在胸前的双臂，闭了闭眼，开始轻轻唱：

等待着你/等待你慢慢地靠近我/陪着我长长的夜到尽头/别让我独自守候……

这是李健“像海一样”线上演唱会的开场，他翻唱了陈淑桦1990年的老歌《一生守候》。

一场完全不像演唱会的演唱会，两个小时，24首经典老歌翻唱。没有舞台、灯光、特效、伴舞，更没有声嘶力竭的欢呼和宣泄。李健闲闲地坐在高脚凳上，背后是一长排深棕色的书柜，像某个深秋的周五晚上，邻家兄长在闲话家常，浅吟低唱。

这场秋风起时，像海一样，一生守候的演唱会举办地点，是阿那亚海边的“孤独图书馆”——这是一幢白色房子，孤零零地伫立在北方辽阔清冷的海边（见图3-1）。书籍、桌椅，还有投射下的光影，构成了这个只能容纳50个人的小空间。

图3-1 阿那亚“孤独图书馆”

和这座孤独的图书馆、极简的背景，以及安静的歌者相对应的，是炙热的数据：当晚微信视频号上出现了观看的“洪流”，超过 3600 万人在线观看了这场演唱会，直播间喝彩热度1.7亿，微信生态内总曝光超过12亿。[1]

而李健演唱会，只不过是阿那亚一年2000场文化活动中的一场而已。

北方的“诗和远方”

阿那亚（aranya）来自梵语“阿兰若”，原意是“人间寂静处，找回本我的地方”。但对于北方的年轻白领、知识分子和中

1 据微信视频号官方数据。

产人群来说，阿那亚是文艺范、艺术感、小资情调和打卡圣地的代名词。

它是五条人、痛仰、九连真人们出没的虾米音乐节，是汇聚了中国顶尖老戏骨和文艺青年最爱的孟京辉导演的阿那亚戏剧节，是从早到晚、从海滩到草地放映各种电影的海浪电影周，是一年数百场的儿童经典剧目，是梦幻的LV春夏男装大秀，也是西川、流马同聚的诗歌朗诵会，以及各种思想、文化、艺术沙龙……

它是沙滩、阳光、海岸、湿地，是孤独图书馆，帆船形状的白色礼堂，环形的艺术中心，洞穴般的UCCA沙丘美术馆，倒锥状的山谷音乐厅，主流、先锋且与社区融合的阿那亚剧场，以及深夜亮着灯的巨大的海边秋千群落。

每个人似乎都能在这里找到自己对生活本身的想象——中年人逃离都市的避难所，孩子们赶海挖沙子的乐园，年轻人打卡出片的圣地，文艺青年真真假假的精神家园。

2023年夏天，小红书上关于阿那亚的种草贴、避雷贴都非常火，仅“阿那亚”一个话题就有3.9亿的浏览量——旅游攻略、拍照、打卡、酒店、亲子……都是凡人心性、人间烟火，源于生活但又微微高于生活。

2023年6月到8月，北戴河阿那亚占地6500亩的社区内，每天客流量将近2万人——这已经超过了社区规划人流的上限（18476人/天）。整个园区管理开始变得不堪重负。一时间，社交媒体上吐槽声不断："住宿贵到离谱""吃饭要排两个小时""社区开车进不去""业主是特权阶层"……7月26日，阿那亚创始人马寅在阿那亚官方微信公众号上公开道歉。

人红是非多，项目也一样。作为北方的"诗和远方"、社交媒体的宠儿，阿那亚的网红身份以及伴随着流量而来的质疑，几乎快让人忘记了它原来是个房地产项目。

阿那亚的密码到底是什么

阿那亚从创立之始就不是"著名景点"，而是一个兼具文化和旅游性质的楼盘，简称"文旅盘"。中国的文旅盘有1万多个，占地产建筑总面积的30%左右[1]，阿那亚就是这1万多个文旅盘中的一个。这种盘的特点及卖点是重文化和旅游支撑，以休闲、疗养等要素吸引消费者。其中比较著名的包括海南万宁的神州半岛、海南三亚的海棠湾、云南昆明的七彩云南·古滇名城，等等。如果从房地产项目的属性来看，阿那亚和它们并没有太大差异。

是，文艺的阿那亚也是卖楼的。售楼中心就在社区的核心位置，离海不到100米，位于沙丘美术馆北侧，紧邻著名的Bar Lotus，是一座看上去情调十足的白色建筑。

1 数据源自中指研究院。

阿那亚的房子不少，包括早就售光的一期别墅、洋房共205户，二期观海公寓共680户，三期小院、洋房共170户，四期小镇北区公寓、洋房、别墅共509户，以及2023年在售的9期、10期和北岸的期房。

这几年，我身边的北京朋友在阿那亚买房的，不能以“个”，而要以“群”计算。暑假带娃在那边玩的时候，大家发现比在北京还容易聚齐，拖家带口能凑出好几桌。前几年在那边买房的大多是我们这样的“中年老同志”，最近的趋势是业主年轻化。一个靠“爬格子”为生的“泛90后”北漂女孩阿六，2023年在阿那亚9期买了套88平方米的小公寓。问原因，说打算闭关写字时就待那儿，有食堂，环境好。退一万步讲，“大城市不安全的时候还可以待在这个像城市的农村过日子”，她发微信给我，“这是个消费行为”。

除了和阿六一样将在阿那亚买房子当“消费”，还有不少北京中产把它当理财产品，因为这里游客多，核心地段的房子容易出租。所以，整个2023年，阿那亚的销售都挺不错，几乎没有淡季。有些位置好的房子，想买还要竞争。房价也涨了5%左右。

这里面的奇特之处有三个。

其一，阿那亚的地段实在说不上“黄金”。有个玩笑说，全世界买房都有三条原则，分别是地段、地段和地段。可见地段对房价的决定性作用。从地段角度看，位于北戴河的阿那亚也就占据了一个海滩——在2020年的书里，我们曾经就山东银滩、澳大利亚阳光海岸的房价变化讨论过，海景不算什么稀缺资源。[1]

其二，阿那亚的房子也卖得很不便宜，每平方米2.5万元—3万元，而旁边距离不到1000米的孔雀城，售价大约在每平方米9000元，还卖得焦头烂额。

其三，也是最重要的，2023年是中国房地产行业在过去20多年里最低迷的一年。1—9月全国商品房累计销售面积同比下降7.5%，累计新开工面积同比下降23.4%。8月托底房市的各路政策，仅仅让几个一线城市的楼市雄起了一周的时间。9月，北上广深4个一线城市二手住宅的价格继续下降1.4%。民营房企几乎团灭：恒大、融创、世茂亏损均超百亿元，阳光城、中天、蓝光都已退市。10月底，就连中国房企里面最浓眉大眼的万科都遭遇了一场信用危机，几天内，其美元债大幅下跌30%，引发了境内债和股价的剧烈波动。[2]

在这样万马齐喑的市场里，阿那亚的火爆就很显得有些另类。最有意思的是，今年跟房地产行业的高管们开会或者聊天，他们几乎每次都会提到阿那亚这个“神盘”，而且都饶有兴致跟我讨论，阿那亚的密码到底是什么？究竟有多少可复制的成分？

这些高管来自万科、保利、龙湖、华发……都是市值排在头部的巨型房企。这些房企之前的年均销售额在4000亿元左

1 参见《钱从哪里来：中国家庭的财富方案》。
2 数据源自国家统计局网站及各房企2023年半年报。

右。即使在2023年前3季度这样的“变态”环境中，头部房企的销售额均值也有2096亿元——其中万科是2806亿元，保利是3321.3亿元，华发是1035.8亿元[1]。而（北戴河）阿那亚，即使在疫情期间逆势增长，2023年前11个月销售额也不过25亿元。从体量上看，阿那亚甚至不到这些巨型房企的零头。

当1万斤重的大象严肃地思考向100斤重的猿猴学习“生存之道”时，一定是外部环境发生了巨大变化。老祖宗说，“穷则变，变则通，通则久。”现在想来，这话至少有50%是真理——变了未必通也未必久，但是不变，一定会壅阻乃至衰败。

1　数据源自中指数据库。

房子在消失，屋子浮现出来了

古罗马著名浪荡诗人奥维德说，“一切都在变化，没有东西会消失。”[1]那中国的房地产，到底发生了什么变化呢？

北京不是故乡

2023年7月底，做完“共潮生·香帅年度财富展望”这场大活动后，我带着团队和儿子去阿那亚待了几天。微信上一问，马寅正好在，于是就约着下午喝个茶。

从北京出发到北戴河大约是三个半小时车程，因为路不熟，我们上午九点出发，下午一点半才到。远远就看到了“aranya”几个字母，园区摆渡车是线上预约好的，等了几分钟，进大门，办理各种入住手续，有点像小时候的大院生活：

获取“社区身份”，在下载的官方App上激活自己的身份码，管家引导入住。楼下左转几百米是“第五食堂”，右转则是

1 ［古罗马］奥维德、［古罗马］贺拉斯：《变形记·诗艺》，杨周翰译，上海人民出版社2016年版。

"第六食堂"——千真万确的食堂。

我的第一反应是，马寅是大院长大的孩子，骨子里刻着20世纪七八十年代共产主义接班人过集体生活的痕迹。但这个"大院"不是村气的，草坪、园景、海涛、建筑、集市的审美似乎糅合了北欧与日本的风格，是时下年轻人钟爱的清新路线，可以想象会挺出片，适合发朋友圈。

约定的茶馆距离我住处超过1公里，下午海边太阳有点大，我索性租了辆自行车骑过去。一路感受着海风，路过阿村烘焙、Manner咖啡厅、晓渔村、电影院、剧院、公交站、市集……我一时间有点恍惚，好像回到了在加拿大骑着车穿过一个个街区上学的时光。

那一瞬间，我有点明白了，为什么一眼看去路边停着的全是京牌车。

因为北京不是故乡。

2000多万的北京常住人口中，有很大一部分是来自大江南北的"异乡人"。[1]尤其海淀、西城、朝阳这几个区的中产阶级，大多都曾是某个村镇或者小城的孩子。他们十年寒窗苦读，娶妻嫁人，成家立业，生儿育女，奋斗拼搏，一步步踩着金字塔往上攀登，攒下薄薄家产，一分钟也不敢懈怠。价值上千万元的"豪宅"，不过是小区景致单调，电梯间逼仄，挤着两三代、

1 我们团队测算过，根据互联网大数据，截至2018年年底，18岁以上的北京人中有51.1%来自其他省市，这个比例在经济发达省市中是最高的。

四五口人的100平方米公寓。这些“北京人”没有三姑六婆的亲戚和呼朋唤友的发小，故乡也早就成了异乡。没错，阿那亚的业主中，“北京人”远超90%。离得更近的天津，反而应者寥寥。所以，北戴河阿那亚，多少有点像是北京中产的精神原乡。

我正天马行空地想着，马寅进来了。他瘦削结实，戴着黑框眼镜，身穿灰色运动短袖短裤，很松弛，说是一会儿要去接孩子放学。我说，我们随便闲聊吧，按照“北大灵魂三问”的顺序来：“你是谁？从哪里来？要到哪里去？”

第一次和企业家见面，我很少这么本色文青腔，怕一秒把天聊死。但对面坐着的是马寅，我觉得很自然。马寅笑了：“房地产开发商今年遇到的问题，我10年前就遇到了。”

他们的问题，我10年前就遇到了

2013年的阿那亚是一个烂尾项目，躺在亿城地产集团的资产负债表上：每年光利息就是1.5亿元的支出。但楼卖不出去，一年4000万元的销售额，连利息都还不上。

对于2023年的中国房企来说，这个场景并不陌生。

在上市房地产开发企业中，中迪投资、铁岭新城、*ST泛海、南国置业、*ST新联等几家的财务费用支出占营业收入的比重均超过了50%。其中前三家和2013年的阿那亚几乎一模一样——房子卖不出去，利息支出居高不下，同期财务费用比营业收入还高，形成了“天坑”（见表3-1）。

表3-1　部分上市房地产开发企业2023年财务数据

证券代码	证券简称	2023年年初总市值（亿元）	财务费用（前三季度，亿元）	营业收入（前三季度，亿元）	财务费用/营业收入
000609	中迪投资	19.5	0.47	0.05	923.02%
000809	铁岭新城	23.8	0.52	0.38	136.32%
000046	*ST泛海	65	25.70	24.81	103.57%
002305	南国置业	50.5	5.14	6.16	83.55%
000620	*ST新联	69.8	14.80	26.73	55.38%
200056	皇庭B	51.8	4.99	10.13	49.25%
000056	皇庭国际	46.3	4.99	10.13	49.25%
600340	华夏幸福	98.2	66.06	177.87	37.14%
600208	新湖中宝	218.4	11.46	37.23	30.79%
600657	信达地产	146.6	11.38	39.26	28.98%
600649	城投控股	100.7	3.66	13.84	26.42%
600604	市北高新	77.9	1.94	7.86	24.70%
900902	市北B股	11.2	1.94	7.86	24.70%
600663	陆家嘴	347.7	11.87	57.75	20.55%
900932	陆家B股	49.9	11.87	57.75	20.55%
600895	张江高科	175.6	3.24	17.46	18.54%
000006	深振业A	85	1.50	8.29	18.11%
603682	锦和商管	25.6	1.26	7.68	16.36%
000402	金融街	156.9	13.13	82.00	16.01%
600823	ST世茂	88.5	5.25	33.94	15.47%
600185	格力地产	196.6	3.99	27.15	14.70%
600246	万通发展	129.2	0.52	3.61	14.48%

续表

证券代码	证券简称	2023年年初总市值（亿元）	财务费用（前三季度，亿元）	营业收入（前三季度，亿元）	财务费用/营业收入
600622	光大嘉宝	49	4.74	34.75	13.64%
000608	阳光股份	25.3	0.37	2.78	13.43%
600239	云南城投	31	1.62	12.22	13.24%
300947	德必集团	20.3	1.05	8.31	12.68%
600603	广汇物流	102.6	2.63	20.91	12.56%
600322	津投城开	25	4.48	37.23	12.04%
600162	香江控股	61.1	2.98	24.86	11.99%
600848	上海临港	293.5	3.90	33.14	11.76%

数据来源：香帅工作室基于Wind数据测算。

2013年，马寅40岁，在房地产行业摸爬滚打了10年后，人生进入下半场的他想搏一下，于是带着几个合伙人，押上全部身家，接手了阿那亚。[1]

虽然是烂尾项目，但不是毫无价值。作为资深房地产人，马寅有自己的一盘账：房子虽然不好卖，地应该是值钱的啊。要是能顺利把这块地卖掉，差不多能赚5个亿。然后还掉一两亿的银行利息以及七七八八的杂费，应该还有两三个亿的利润。

这笔账算得很精明。卖楼不如卖地，这事儿业内人心里都跟明镜似的。一个好朋友就专门跟我讨论过，所谓“房地产”

1　马寅和合伙人将项目的债务也一并承接了过来。

要区分“房产商”和“地产商”。房产商主要拿地开发卖房子，那是“零售业”；地产商主要借钱囤地，融资加杠杆，是“金融业”。他亲耳听过一位香港富豪跟一个房产开发商开玩笑，说你们卖房子，就跟街边卖烧鹅类似。烧鹅铺借钱——买鹅——烤鹅——卖鹅，跟传统房产开发商借钱——买地——开发——卖楼一样，赚的是苦哈哈的钱。卖地多好，贷款拿地卖，妥妥的四两拨千斤。当然，这事儿的前提是地能转手卖出去。卖不出去，砸自己手里，就真成了烫手山芋。

果然，2013年下半年开始，文旅盘变得很不吃香。地卖不出去，马寅只好绞尽了脑汁卖房，什么免费吃住，免费接送，效果都不理想。一年下来，阿那亚只卖出7000万元的房子，连利息的坑都填不上。

地卖不掉，房也卖不掉，烫手山芋砸到了碗里，变成了“自持物业”。马寅开玩笑说，本来去城里卖个鹅，结果到乡下养上了鹅——那就好好养，让鹅下蛋吧。然后他就这样慢下来了，考虑怎么靠运营这些物业来赚钱。

从卖房子到卖服务

一个卖房子的开发商，就这么被逼成了卖服务的运营商。对于一堆房子来说，有什么是可出售的服务呢？马寅想到的是**社区**。

有社区就有服务。社区是个舶来词，源自拉丁语communitas

（共同体），学术的表达大概是“因为共享共同价值观或文化的人群，居住于同一区域，以及从而衍生的互动影响，而聚集在一起的社会单位”[1]——换句话说，共同的**地域**、共同的**价值观/认同感**，以及包括经济、文化在内的**社会交往**，是构成一个“社区”的基本要素。作为一个集体主义盛行的群体，中国人对社区是有强烈归属感的。但过去这些年，随着城市化的进程、市场的重新洗牌，以及技术的冲击，原有的单位大院、故乡小镇、邻里街坊这样的传统社区，都变得七零八落。人口流动也大，商品房市场也原始，小区多停留在纯物理意义上，缺乏“社区”的理念和塑造。

回头看，“孤独图书馆”视频爆红出圈的2015年（见图3-2），正是“中产”“新消费”等概念逐渐开始流行的时间节点，而那也正是中国经济增速转入“6字头”，并进入持续放缓通道的开始（见图3-3）。

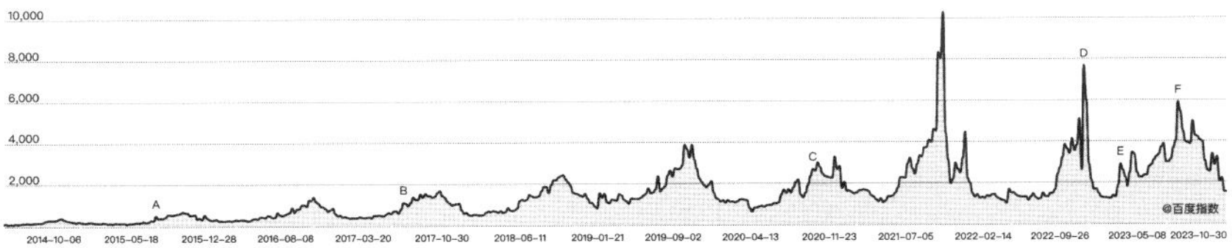

图3-2　阿那亚百度搜索指数

1　德国社会学家滕尼斯在其1887年的著作《社区与社会》(*Community and Society*) 中首次提出“社区”这一概念，并给出了定义。

图3-3 中国GDP增速与房地产投资增速对比

中产需要归属感，但北京不是故乡。从金融街到西二旗，从大望路到酒仙桥，从黄庄到亦庄，地铁2号线、10号线和让人眩晕的环路上，都是“苦逼的”异乡人——就这样，天时地利人和之下，面朝大海的北戴河阿那亚开始成为北京中产的“飞地”和“文青”的打卡点。

2018年，阿那亚的运营服务收入超过5亿元，占公司营业收入20%左右；2021年，这个数字达到7.5亿元；2023年则预计超过20亿元，差不多和房产销售额持平，占营业收入近50%——从单个房地产开发项目运营服务的占比来看，这是一个现象级的存在。作为对比，万科运营收入占营业收入比例在4%左右，融创则在5%—6%，中国金茂在整个行业算是比例很高的，也就在13%—14%。更重要的是，“服务高占比”支撑了阿那亚房产相比周边一倍多的溢价，很多业主就是冲着这个“社区”来购房做民宿投资的。2023年，在中国房地产等“恢复”彻底等了个寂寞后，整个行业、市场、社会都有点如梦方醒的感觉，预期、心性和观念都开始逐渐变化。这时候，阿那亚的**“社区”和“品质服务”**的轮廓就显得格外鲜明起来。

人类是这样一种动物：身处**高速行驶的列车上，流动、迁徙是永恒的主题；直到车慢下来、停下来的时候，才会思考如何安土重迁。**阿那亚，只是阴差阳错地被命运推着早走了一步而已。

进一步仔细观察，我们会发现，**市场行动远比大众认知要灵敏。**大概在2016年之后，毛坯房逐渐退出市场，“精装、品质”这些词开始成为房产市场标配；大约在2017—2018年，“服务”的概念逐渐加强，“物业管理、配套”越来越成为房产的卖点。万科董事会主席郁亮在2017年万科股东大会上就说：“万科未来是美好生活的服务商，未来想到万科，想到的是美好生活，不是几栋房子。”到了2023年，我在珠海、成都这些地方已经清晰地感受到了“卖社区服务”这种趋势变化。**“社区文化、生活方式”**这类词语开始频繁出现在设计理念和销售文案中。让我印象比较深的有两个：一个是珠海华发的某个楼盘，强调临海运动生活方式；一个是成都保利的某个楼盘，主打给年轻用户的川派休闲生活，每一幢都配有让孩子玩的小型游乐场。

中海发展首席技术官杨鸥说过，“如果把开发制造业和生活服务业加到一起，中国的（GDP）占比只有6.5%，德国是10.9%，日本是11%……我们卖房子挣了太多的钱，但是围绕房子后面的东西挣的钱太少。”

围绕房子后面的东西挣钱，这大概将是房地产商们必须去“卷”的方向。今年在成都，我就见到了房地产服务中的一些新变化。之前在产业链条中做销售中介匹配服务的，开始给小区做社区生活配套服务，甚至包括小型艺术馆、马术训练等小众服务——虽然这些还处于尝试性阶段，但能感觉到，大家都想对“卖烧鹅”模式进行调整。

充当炼金术的“房子”开始退出舞台，而作为消费、生活载体的“屋子”开始浮现。

卖房子的怎么卖好服务

一位经济学家好朋友跟我说："我买阿那亚买的是湿地、食堂和物业。"

湿地也好，食堂也好，物业也罢，甚至礼堂、音乐会……任何一个细微的环节上，你都看得见马寅式的强运营渗透。因为在他看来，很多细节会对一个社区的调性产生决定性影响。

有品质的简朴，有节制的丰盛

2023年，房地产行业阴霾密布，巨头一个个倒下，但凡是从业者，多少有点兔死狐悲感。马寅也在想何去何从的问题。7月中旬，他去了香港。那天正好台风泰利刚过，香港下着淅淅沥沥的小雨，人有点少。晚上9点，他路过中环，路边密集的奢侈品店，从爱马仕到宝格丽，从梵克雅宝到卡地亚，都亮着璀璨又清冷的光。眼见他起高楼，眼见他宴宾客，眼见他楼塌了……那一瞬间，行业的悲凉感突然被放大，他觉得这些品牌离真实生活好远，如果有天自己落魄了，它们大概也会绝尘而去，不留一个回眸吧。

转过头去，他看到了街边的无印良品，明亮的灯光下，都是日常生活用品，店铺陈列简单而不敷衍，浅棕、米黄和乳白的暖色调，细微处透露着点心思和关怀。他说，那一刻有种奇怪的治愈感和安全感，觉得即便有一天自己不行了，也还可以拥抱这样的品牌，就像拥抱一种平民但体面的人生。所以，他说，那一刻，他得到了“阿那亚该往哪里去”这个问题的答案，也再次肯定了阿那亚一直在塑造的价值观——**有品质的简朴，有节制的丰盛。**

激发马寅灵感的无印良品是日本第四消费社会的产物。在《第四消费时代》[1]这本书中，作者三浦展将日本从1912年到2034年的120年划分为四个阶段（见表3-2）。

1912—1941年的第一消费社会，人们重视国家，展现出私有主义的消费观念，并偏好西洋摩登文化及大城市的生活方式；1945—1974年的第二消费社会，社会价值观转向重视家庭和社会，同时继续维持私有主义消费观念，消费者更偏好大型、标准化的美式产品；1975—2004年的第三消费社会，个人价值观变得更加突出，私有主义消费观念依然盛行，消费者开始追求个性化、多样化和差别化的欧式产品。

然而，在20世纪80年代烈火烹油式的繁荣，以及90年代的

1 ［日］三浦展：《第四消费时代》，马奈译，东方出版社2021年版。

泡沫破灭和经济停滞后，整个日本社会经历了一场天上人间的悲喜剧。一方面，经济增速下滑，收入、财富缩水，直接抑制了居民的非必需品消费；另一方面，对未来不确定性的悲观预期，让居民的心态和行为发生了很大变化。进入2005年后，日本居民对美式消费主义的狂热逐渐退去，“社会的、共享的、节制的”这种更东方的价值观开始占据上风，消费倾向上也出现了含蓄、朴素的特性，本土化、无品牌的品质商品开始大行其道。于是，在这个第四消费社会，无印良品横空出世，快速占领了日本国民的心智。

表3-2　消费社会的四个阶段及特征

时代划分	第一消费社会 1912—1941年	第二消费社会 1945—1974年	第三消费社会 1975—2004年	第四消费社会 2005—2034年
社会背景	日本在日俄战争中胜利，在中日战争中失败；都市化步伐加快；大城市中产阶级诞生	经济复兴、高度增长；完成工业化；大规模生产；日本大量人口迈入中产阶级	从石油危机开始低增长；“广场协议”导致出口受阻；大国摩擦；90年代房地产行业泡沫破灭	2008年金融危机；两次大地震；经济长期不景气
人口平均增速	1.31%	1.20%	0.46%	–0.33%
经济平均增速	3.91%	6.13%	2.74%	0.58%

续表

时代划分	第一消费社会 1912—1941 年	第二消费社会 1945—1974 年	第三消费社会 1975—2004 年	第四消费社会 2005—2034 年
价值观	National 重视国家；私有主义消费观念	Family 重视家庭、社会；私有主义消费观念	Individual 重视个人；私有主义消费观念	Social 重视社会；共享主义消费观念
消费者偏好	西洋摩登文化； 大城市倾向	大的、多的就是好； 大城市倾向； 美式倾向； 工业化标准化	个性化； 多样化； 差别化； 欧式倾向	无品牌倾向； 朴素倾向； 休闲倾向； 日本地方倾向

数据来源：《第四消费时代》、HYDE、Gapminder、联合国贸易和发展会议、Maddison (2020)、IMF。

无印良品的价值观是“少即是多”，产品理念则是“简约、自然、富于质感”，也就是马寅总结的“有品质的简朴，有节制的丰盛”。从无印良品带来的触动中，马寅觉得自己看到了中国这个时代的一些特征，那就是**逐渐放弃排场，回到真正的生活**。但这不意味着放弃品质追求，相反，品质是内生于体验的。这和我们在第一章讨论的“特种兵旅游”等各种消费现象有很大的共同之处——人生不再是一场消费主义的盛宴，而是更多、更好的体验。

这也让马寅意识到，**这个年代挣钱，不能挣到最后一个钢**

镚儿。基于这个逻辑，他给园区服务提供商设了一条原则：丰俭由人，提供更多有性价比的产品。

餐饮被率先拿出来做标杆示范。

比如说，能在暑期旺季来的客户大多具有高消费能力，对价格不敏感。所以，从餐厅经营者的角度看，做这个人群的生意，当然要挑选最好也最贵的产品——螃蟹只选1斤以上的，三四百块钱一斤。但马寅要求餐厅不能只卖大个的、高价的，把1斤的换成6两的，价格不马上200多块了吗？还有的餐厅带鱼居然288元一斤，一看，是宁波野生带鱼。马寅说，那你对标旁边的南戴河，卖188元一斤的本地带鱼，价格也就下来了。同样的道理，餐厅不能只卖超贵的战斧牛排、日本和牛乌冬面，性价比更高的普通牛排、国产和牛乌冬也要提供……为什么？**因为这就是更真实的生活。**

他拿出手机，给我看微信上他跟好几家餐厅经理反复沟通、推动执行落地的“拉锯战”。态度温和但坚定，没有妥协余地。

强运营与激励机制设计

价值观上的坚持必然会带来个人色彩的强运营。

比如被很多人夸的阿那亚食堂，从烤鸭到海鲜再到面食，9个食堂，每个都有自己的特色。端着盘子在流水线一样的人群里打饭，胖乎乎的大叔大嫂“嗖”地将一盆蔬菜和肉块装好，放到盘子上，很有年代感，也很经济、方便。

每年暑假旺季，阿那亚食堂要供应数万人就餐——这是什么概念呢？我们不妨做个对比。北京大学有学生4万多人，北大餐饮中心下设5个职能科室，管理12个校内食堂及4个校外委托代管食堂，光员工就1000余人，每年补贴数目惊人。作为一个民营企业，阿那亚肯定没这么多钱来做补贴，但游客和业主又是“上帝”，大概率也不像学生那么乖巧，所以，阿那亚只能**靠强运营来管理细节**。

有段时间，不止一位客人投诉，说被粥烫伤了。为什么？因为客人端着盘子来回走，把粥盛满就容易洒出来，当然容易烫。除了烫伤外，还有人投诉牛肉面里面的牛肉太少了，没给够。

跟食堂员工谈心，员工很委屈，自己啥也没做错——粥洒出来明明是客人不小心，而牛肉这么贵，一碗面肉太多，成本受不了。

怎么办？马寅开始自己带团队研究，最后定出来一条食堂服务的标准原则——只要是汤粥类的，怕烫怕洒的，就不盛满，用无限续碗的标准来解决烫、洒的风险问题。客人如果觉得不够，后面可以随便再去盛。至于牛肉面给多少片肉，最开始统一都是4片，但是如果客人需要，想多要1片，那也可以给到。标准定出来后试了一段时间，食堂员工发现，其实要加肉的客人并没有那么多，但是给了选择权，大家都觉得满意。最后食堂团队计算损耗，其实比原来还低。

但这样的标准需要马寅亲自定。严格来说，目之所及，这个社区几乎所有的管理标准，都带着马寅的偏好、审美和价值取向。

比如阿那亚礼堂的使用。

阿那亚礼堂就在孤独图书馆南面300米处，是另一个超级网红打卡点。在阳光或灯光下，三角形的建筑倒映在细碎的沙上，长长的影子，单调的海，卷起的浪，确实显得孤单又浪漫。

那场著名的LV大秀就是在礼堂前搭的舞台，非常惊艳。之后不少品牌和产品都想在这里做活动，其中不乏土豪品牌。

出租个一天两天就是百万级收入，团队都有KPI（关键业绩指标），说不动心是假话。但“调性”这个东西属于玄学，就像MCN机构[1]挑有“网感”的KOL（达人）一样，很难用具体的语言或者量化的标准来衡量。更何况，“符合调性”和“落地实现”之间还有相当的距离。所以任何项目引进落地时具体考虑的因素就会变多——太过普通的，腔调气质不对；太过小众的，游客兴致寥寥；太过先锋的，大家接受度又低。比如说，SHAKE SHACK这样的连锁店要引进园区里面吗？连锁餐饮不算符合阿那亚的调性，但能切实解决旺季用餐的问题，这个取

1　指网红孵化机构。

舍怎么做？

到最后，任何一个小决定，都需要从资金统筹、长期价值观、短期利润、客户接受度等各种视角平衡考虑。所以，关于园区内的产品供应——什么样的商家可以合作，什么样的艺术品可以展出，什么音乐家可以合作——都得马寅拍板。

因此，另一位经济学家好朋友跟我说："我买阿那亚，买的是马寅的人力资本。"这句话半是玩笑半是顶真。为什么？因为**个人色彩这么浓重的强运营，本身是铠甲也是软肋。它效率高，有创意，但也有偶然性，不太可能批量复制。**

比如说，为了实现"有品质的简朴，有节制的丰盛"，马寅对餐厅要求限价，而之所以能够限价成功，则得益于**阿那亚对入驻商家采取的是流水分成激励机制**。所谓流水分成，是相对于传统的出租模式而言。对于房东来说，出租比较简单：商家出钱，拿下房子，运营是商家自己的事情，干得好利润都是你的，干得差倒闭了我租给下一家。流水分成则是强绑定关系：社区不收租金，但要挑选商家，社区拿走流水的20%。这样一来，大家福祸共担，商家失败的风险由社区托底，社区则可以享受好商家、好经营带来的利润，同时也获得了管控力。

除了对商家之外，**社区对员工也打磨出了一套独有的激励机制**。前面我们说过，社区的核心要素之一是社交互动。社区服务需要有更多自发性，核心是人与人的感受和需求，要打造的是群落，是归属感，是人的链接。基础设施与物质条件的升级，应该是隐藏在人文关怀背后的。[1]

正因如此，阿那亚鼓励一线员工尽可能为客户提供延伸的品质服务，比如为老人就医提供服务，帮业主接待朋友，帮业主清扫房屋，等等。在这个过程中，不少业主觉得很惊喜、很贴心，就会给员工发红包。业主红包当然能激励好的服务，但这也导致了新的代理问题[2]。比如，一线员工会区别对待发红包和没发红包的业主，优秀员工在后台默默服务，没有被奖励到。怎么办呢？阿那亚管理团队建了一个红包群，业主发红包要发在群里，还要在群里指明红包的奖励对象并说明理由，红包则由专门的管理人员统一接收。业主在群里发的奖励红包，一半的金额用于奖励业主直接感谢的员工，另一半放入阿那亚优秀员工奖励基金，再由马寅拿出3倍的奖励金，在3个月后集中发放给全体员工。

关于什么是“真正的品质服务”，枫叶出行投资人梁怿有过一段很精辟的描述。

他说，当年他去美国自驾租车，“黑大个”店员张开手，咧着白牙夸张地说：“我有一辆刚洗好的车，闪闪发光像星星，你要跟我去看看吗？”他跟着去了，是一辆英菲尼迪QX90，一堵

1 这句话是在我们团队的会议上，由团队成员王佳雯总结的，非常惊艳。
2 指在一个组织内，决策者（代理人）的决策可能不符合最终受益者（委托人）的最佳利益。

墙似的。但确实车身铮亮，跟销售小哥的笑容一样。然后他也笑了，升级套餐把这辆车租下来了。为什么？因为他能感受到这个小哥是发自内心热爱这份工作，对自己的工作有认同感和使命感，他的服务是人性化的、自由的，也是温暖的，能感染、打动自己的。

和这种**温暖的服务**相对的，是一些机械化的服务，比如国内比较崇尚的“一个标点都不能错的服务用语”。但他觉得，真正的品质服务需要认同和热爱，这才会给人温暖。所以，他说，**不要把客户当上帝，那太远了，要把客户当朋友**。因为随着一个社会文明程度的不断提高，**温度，才是服务的核心竞争力。**

在跟马寅聊到关于社区在这个时代可能提供的价值时，我当即想到了几个月前跟梁怿的这段讨论——在同一个大时代背景下，面临同样的技术、经济和价值观冲击，不同行业之间往往有更多的共性。

比如马寅强调的“社区服务”，稍微泛化一下，可以总结成三个词：**共同场域、共情与认同、社交互动**。后两点，正是“温暖的服务”这种感性表达的理论内核。而这，我猜想可能是未来服务的一个演化方向。

不过，当时梁怿也谈到了公司团队在运营和管理层面的争论：究竟是应该先服务标准化、流程化，再去讲温度，还是应该从一开始就要求员工由价值观驱动，从认同和热爱出发，去提供温暖的，但不太容易量化甚至不可言状的服务？说到这里，他也有点困惑，说："我总是想坚持一些东西，觉得要有一个温暖的企业，培养出温暖的员工，然后才有自发的温暖服务。但确实也不知道孰对孰错。"

孰对孰错？当时我也没有答案，但半年后，在重新思考阿那亚这个案例时，我突然找到了答案——真正的品质服务是非标的。温暖的、人性化的服务需要热爱和认同，**而热爱和认同需要激发**。但激发不是灌鸡汤、打鸡血、空讲情怀，而是**要通过制度设计来完成可持续的激励，让服务变成一种产品。**

一个合理的激励机制，会不断校准服务人员每一个环节的意识和行为，校准产品的供给和调性。好机制的美妙之处就在于，鼓励什么，支持什么，就会变成什么。

说到激励机制和合约问题，我经济学家的职业病发作，忍不住要絮叨几句——经典经济学理论模型假设了一个完美世界，其中人是理性的、同质化的、信息完善的。但是在真实世界的微观决策中，由于信息不对称，各种逆向选择、道德风险、委托-代理问题层出不穷。所有制度、合约、契约、机制，都是将这些缺陷考虑进去后的"优化"。在以制造业为主的工业时代，很多企业运营的是"物"，信息相对静态，企业面临的合约问题相对简单。当社会进入由服务业主导的形态后，信息不对称的范畴扩大，信息交互的路径也变得更复杂、更动态——激励机制和合约一方面在企业经营中的重要性上升，另一方面又变得更复杂，更容易出错。近10年来，随着整个社会数字化程度的加深，信息颗粒度和信息反馈机制已经变得完全不同，趋利避害的人性虽然没有变，但表现方式已经大相径庭。在一个以数字化服务业为主导的社会中，重新设计激励机制，重新设计合约，几乎会是未来（更准确地说是现在，但希望活到未来的）每个企业需要面对的问题。

在我看来，与客户之间的磨合和激励机制的迭代，才是从"服务"到"服务产品"的关键。什么叫磨合和迭代？举个例子。今天我们的绝大部分服务激励（奖惩）机制中，信息流都是单向的——用户打电话、发信息抱怨，好点的服务提供者针对问题进行解决，整个过程就结束了——到这里其实都是服务，而不是服务产品。产品的磨合、迭代不能简单依靠监控、突击检查这种供给端的动作来完成，而要通过数字工具，包括App信箱、App产品评论、业主群讨论等，去实时抓取信息反馈，看客户有没有感受到变化，投诉有没有增加，服务质量有没有让大家满意，从而最大限度地减少层层汇报遮掩背锅等信息耗损，让激励机制得以直接发挥作用。换句话说，任何一个问题的解决都只是一个开始，后续的服务标准和客户反馈会共同作用，不断迭代出服务产品的样子。

阿那亚不是模板，也不是模式

到目前为止，阿那亚一直是马寅式强运营的作品。

但是，现在问题来了。

这么强力、细微的运营服务提供，需要管理团队的强大脑力和执行力，也需要大量人力支持。阿那亚整个园区的服务人员多达5000人。对大部分房地产商而言，房子卖出去，KPI就算基本完成，但对阿那亚来说，这只是第一步，后续的服务才是真正的长期KPI，挑战其实刚刚开始，而且会一路随行。老话说，离开谁地球都会转。但是，离开马寅的阿那亚转起来是什么样子，我有点不太能想象。

假如没有大的变动，从目前来观察，马寅精力、体力、创造力的天花板大概就是阿那亚扩张的天花板。马寅说，"阿那亚现在只有6个项目，处于不同的生命周期，我的精力刚好可以覆盖它们。"他笑了笑，"在一个项目上投入的精力和感情，比10年前做10个传统地产项目时还要多。"

这也是为什么每每听到阿那亚是一个"商业模式"或者"模板"的时候，我总会有点抵触。所谓模式，是可标准化，然后复制粘贴，用杠杆放大的；所谓模板，则是可以大面积套用、复用的。但马寅的阿那亚不是。

北戴河阿那亚和金山岭阿那亚，不管是建筑风格还是内容调性，几乎都毫不相通。与北戴河阿那亚的"面朝大海，春暖花开”不同，金山岭阿那亚位于一座颇有点绝世独立之感的山谷里，社区很小，很封闭，又很治愈。所以那里的建筑都很安静，音乐也很安静。比如2023年11月7日，窦唯发布了在金山岭自然场景中即兴创作的专辑《寒山寺听琴·上》——很难想象这样的声音会穿过北戴河的海滩，就像没法想象LV的秀场会在这样的山谷里出现一样。

“我希望（文化艺术）内容是在这儿长出来的。那些想法，那些表达，是在（阿那亚）这个地方被启发、被滋养而诞生的。是创作者跟这个地方产生连接后，自然流淌出来的。”马寅说。

在这个意义上，阿那亚是一个慢手工活。每个项目都是一个手工作品，是孤品。商业模式需要扩张，而手工艺人，需要克制。

阿那亚不是什么模板。这样小的个体样本在这样庞大体量的市场上，只能代表自己。但阿那亚从哪里来、到哪里去的背后，倒真是这10年中国房地产沉浮的时代隐喻：城市化、棚改、老旧小区改造、新型社区，以及高品质地产服务。

房地产的瓷器时代

接下来这一节，让我们把目光从阿那亚转向那个庞大到没法忽视的中国房地产市场。就像那首纠结的摇滚歌曲所写的：

我的每一天／你消失又出现／你让我在后头拼命地追赶／只要你喜欢／你随便怎么干／你总是让我感到为难／你能让我快乐得喘不过气／是你把我狠狠地踢倒在地／你是一匹野马／谁能驾驭它／你是一匹野马／我想驾驭它。[1]

马拉松的“撞墙”期

在中国，如果要在不同城市的不同应酬场合找一个万能话题打开局面，如果要针对不同年龄、不同文化层次、不同财富水平的人为文章或短视频找一个绝不会无人问津的话题，猜猜是什么？

1　郑钧《马》。

答案不难猜：房子。

不管是80岁村镇太婆还是20岁大城时髦青年，不管是官员教授还是贩夫走卒，不管是身家过亿的富豪人群还是年入10万的普通人家，只要提到这两个字，但凡正常的中国成年人，分分钟都会“风乍起，吹皱一池春水”。

无他。过去20多年，房子在中国人的生活中占据了太重要的位置。

从文化上说，成家和置业是连在一起的，提到结婚，买房这件事必然排在第一位。而从经济角度来说，如果要写一部从1998年到2023年的中国财富史，房地产应该要占一半的篇幅。房产绝对是这些年里中国增长、中国财富的灵魂。

房子是过去20多年中国家庭最大的财富来源：任何口径的调查数据都显示，中国家庭资产的70%以上都是房产。A股市场再怎么跌，大家还是能笑着编段子——毕竟，14亿人当中只有2.2亿有股票[1]，15.2亿个公募基金账户，有九成的个人投资者金融资产不到10万元[2]，股市涨跌个20%，也就是几万元输赢。而一个资产千万元的殷实家庭，有700多万元都是房产，那么房价10%的上下浮动，对于这个家庭就是近百万级的财富涨跌，与股市带来的心理波动根本不可同日而语。

1　截至2023年8月。数据源自中国证券登记结算公司网站。
2　何艳春：《基业常青离不开法治的根本保障——在首届中国资本市场法治论坛上的讲话》，https://mp.weixin.qq.com/s/wRyhGEwjI-2gqkLylKOofg，2023年11月2日访问。

房地产是中国经济增长最大的引擎之一：巅峰时期，房地产投资占到中国固定资产投资总额的23.97%，对GDP增速的贡献达到7.14%，房地产开发贷款和购房者按揭贷款[1]占到社会融资总额的17.67%；[2]房地产是上下游链条最长、辐射效应最强的行业，从水泥、钢材到白色家电、家具家居，牵动着2.5亿元的就业收入，影响到数亿人的消费水平。[3]另外，别忘了，中国家庭最大的开支之一就是房贷，尤其大城市的年轻家庭，房贷支出占家庭收入的1/3到1/2是非常正常的事情，房贷利率升降一个百分点，都会导致家庭开支的收缩或扩张。[4]我们算一算，全国居民部门有大约40万亿元房贷，降息一个百分点，就是4000亿元——如果能带来相应的4000亿元消费，就能贡献0.5%左右的GDP增长。

这也是为什么在2022年12月，我在得到App上的《香帅中国财富报告（2022—2023）》第25讲中，对2023年中国经济增长给出了当时市场上最保守的预判。我的原话是："我们团队的看法可能和市场的观点不同……经济……自然恢复的难度可能被低估。经济增速要到保5争6的话，**胜负手主要在新班子和房**

1 统称商业性房地产贷款。

2 数据源自国家统计局网站。不考虑疫情期间，房地产投资占固定资产投资总额，房地产对GDP增速的贡献，以及商业性房地产贷款占社会融资总额均在2019年达到最高。

3 数据源自《第四次全国经济普查公报》。

4 从2021年开始，我们团队在微信公众号（"香帅的金融江湖"）、得到App课程（《香帅中国财富报告》系列），以及每年的书（《熟经济》《钱从哪里来》等）当中，一直持续讨论为什么应该采取大幅降息的政策。我们的观点是，消费是收入的函数，除了增加大家的收入或减少大家在房贷上的支出，任何刺激消费的措施效果都非常有限。

地产，需要一些超预期的、实际的政策支持。”当时做这个判断的核心原因其实就一条——房地产行业如果不恢复，经济增速要“回春”不可能，而以当时房地产行业的失血状态，不抓紧对其全面松绑然后给以大幅降息等扶持性政策，想等它自然恢复会极其艰难。

事后看一语成谶。由于2023年前两个月房地产市场出现的一波小的“补买”热潮，政策和市场都高估了房地产行业的自然恢复能力，反而担心经济过热，在货币政策、信贷政策、行业政策上都把缰绳拉得比较紧，导致房地产行业在4月后进入快速失血状态。“一鲸落”不但没有“万物生”，反而影响了投资和消费，整个社会预期转弱。对现代信用经济体来说，预期就像阀门，预期转弱，相当于阀门拧紧了，水流要畅通就会需要更大力气。

2023年3季度，各种政策出台，央行推出了“831”房贷新政[1]；地方上甚至流传着不少看上去有点极端的举措，比如地方政府干部带头买房、地方政府出资回购房子等。但一来用药时间太晚，二来用药方向不够精准，量也不太大，所以房地产行业整体起色有限。

说到底，经济体和人体其实很像，小病快治痊愈快，一旦

1 包括将商业性个人住房贷款最低首付比例下限调至首套20%、二套30%；将二套房利率政策下限调整为不低于贷款市场报价利率（LPR）加20个基点；从2023年9月25日起，存量首套住房商业性个人住房贷款借款人可申请置换贷款。

成了大病，又没有良药和猛药的话，就会演变成“病去如抽丝”的局面。很显然，2023年经济的不景气，是房地产不景气的映射——

恒大、碧桂园、泰禾等地产公司陆续“爆雷”，巨额债务到期无法偿付。一年内，沪、深、港股共424家上市房企中，15家[1]退市，占比高达3.54%。1—9月，全国房地产开发投资同比下降9.1%，下降幅度连续7个月扩大，房屋新开工面积同比下降23.4%，房屋销售同比下降7.5%，70个大中城市二手住宅价格指数9月同比下降3.2%。[2]

一连串从来没见过的“↘”让（想）买房的、（想）卖房的、房地产行业的、中介机构的、上下游企业的、银行的，以及地方平台的人，都陷入了持续的彷徨中。

买房和卖房的人不知道是该出手还是再等等；银行、政府和平台的人不知道哪天哪里就会“爆雷”，把资产负债表炸出一个大窟窿，也不知道有没有人、什么时候会来填这个坑；相关行业的人当然更首当其冲，又是憋屈又是担忧，憋屈来自“本来不至于此”的预期，担忧则更直接——该走该留？走了能去哪里？留下来还能活多久？无论哪个问题都没有确定的答案。

---

1 包括新力控股、天禧海嘉、中国中石、*ST蓝光、*ST中天、ST美置、ST粤泰、*ST宋都、*ST嘉凯、CHINAPROPERTIES、ST泰禾、ST阳光城、中国清洁能源科技、天山发展、胜捷企业。

2 数据源自Wind。

在《冰与火之歌》中，佛瑞尔说，**恐惧比利剑更伤人**。[1]

而这，正是2023年中国房地产行业的真实写照。

2023年10月底，郁亮说，当前房地产行业转型的痛，就像马拉松的“撞墙”。[2]跑马拉松的人都知道，跑马拉松时，刚开始身体消耗的是碳水化合物，把体内的糖转换成能量。跑到30公里之后，体内的糖消耗完了，就需要燃烧脂肪释放能量。从糖转化到脂肪转化，中间会空出5—10分钟，在这段时间里，因为能量不够，马拉松选手就会出现肌肉抽筋、僵硬，体能下降，呼吸急促等现象——这就是“撞墙”。

当下中国的房地产行业，似乎正处在糖原耗尽，但脂肪又没跟上的这个阶段。煎熬还在持续。那么，未来究竟会是什么形态呢？房子又是否还能买呢？

在8月和9月房地产市场最丧的时候，跟人聊天难免会碰到这些问题。我借机认真做了一个复盘。将各种假设情形都放进决策框架之后，我发现，很多事还是要回归到最基础的逻辑。

2022年，我提出了未来我们会面临“从全球化到岛链化”这样一个时代环境。所谓全球化，在某种程度上可以看作全球统一大市场——大部分国家在同一个增长共识下，拆除政治、经济、贸易、金融、生产、流通中的各种壁垒，减少摩擦。而岛

---

1 ［美］乔治·R.R.马丁：《冰与火之歌》，谭光磊、屈畅等译，重庆出版集团2017年版。

2 李艳艳：《万科郁亮：城市永不落幕，不必过于悲观》，https://new.qq.com/rain/a/20231025A05YOX00，2023年11月4日访问。

链化，就是这个低摩擦的统一大市场被分隔成“一个世界，两个体系”[1]，就像一块大陆被地质运动分成了几座岛屿，但又不是孤岛，而是资金、技术、信息、人力等各维度都或紧或松地链接着，牵一发而动全身。

接下来，我们以这个背景为起点观察和思考一下未来。先看最基础的事实——即使考虑到人口增速转负、未来中国总人口下降这个可能性，我们仍然是一个有着10多亿人口的大岛。只要有人，就有衣食住行的需求，而房产是这四个需求中最基础的。换句话说，房地产行业会变化，但不会衰亡。

预期：从投资增值到消费保值

万科的传奇董秘、人称“大诗”的谭华杰曾将2013年称作中国房地产行业的分水岭：2001—2012年是“黄金时代”，2013—2021年是“白银时代”。这个时期对应的是中国城市化和经济增长这两大逻辑——不算2020年这个异常值，平均每年9.04%的超高经济增速，从37%到65%的大规模城市化，至少4亿人住进了新房——这些都是房地产贵金属时代的基础。

所以，我们经常会在新闻媒体上听到“一个房子10年涨了

1 法国前总理德维尔潘2019年5月在中欧国际工商学院举办的全球化论坛上发表观点说：未来最大的可能就是“一个世界，两个体系”，即中美各自发展自己的科技体系和技术生态体系，美国和欧洲可能形成一个经济、科技、技术生态体系，中国和亚洲其他国家以及非洲和拉丁美洲形成同样的体系。

10倍”这样的传奇故事，但真实的数据远没有这么夸张——

2001—2012年，中国的经济增速平均每年10.1%，同期中国房产整体每年的平均收益率是6.4%，一线城市房产每年的平均收益率是13.2%。

2013—2021年，中国的经济增速平均每年6.6%，同期中国房产整体每年的平均收益率是4.3%，一线城市房产每年的平均收益率是12.4%，成都、杭州、苏州和南京这几个核心二线城市房产每年的平均收益率则是8.25%。很多小城镇的房价已经停止上涨，甚至出现下跌。[1]

这组数据说明什么呢？第一，即使在贵金属时代，中国房产整体的平均收益率也是低于中国的经济增速的，大概相当于中国经济增速的65%；第二，作为资产，一线城市的房产收益率超过中国经济的平均增速；第三，从普涨到分化是一个大的趋势。

2022年，郁亮判断中国房地产行业直接跳过了“青铜时代”，进入“黑铁时代”，因为支持房地产行业的两大逻辑都发生了显著变化。

首先，从城市化逻辑来看，65%的城市化率提升的空间有限。而且即使人群能够进一步向大城市集聚，购置新房、换房的成本也越来越高。何况人口集聚还牵涉到数亿缺乏正规社保

1 数据源自国家统计局网站。

的农民工的身份转化和安置问题，这中间的摩擦成本难以估计。城市化这个行业引擎已经老化。

其次，从增长逻辑来看，内因和外因都指向了更低的经济增速。未来10年，年均GDP增速超过4%的概率较低，与上一个10年相比，可能也就是一半的水平——这个判断也是跟“岛链化”这个大背景紧密联系在一起的。

2022年10月，党的二十大报告提出，我国发展进入战略机遇和风险挑战并存的时期。战略机遇对应的是发展，风险挑战对应的则是安全。之前我们的判断一直更强调战略机遇，也就是说发展是党和国家的首要目标。“并存”这个词则是30年来第一次出现，这意味着我们把安全和发展放到了同样的位置上。

安全是发展的前提，所以，一旦涉及国防安全、能源安全、农业安全、产业链安全这些大是大非的问题，发展效率就不再是唯一或最重要的目标函数。举个例子。降息刺激经济增长，这本来是货币政策，但是当时有一种观点说，美国在加息，我们再降息会导致资金外流，引起汇率贬值，这就变成了金融风险问题，所以货币政策就会变得更谨慎。当然，实际上这个观点是经不起推敲的，但事关安全，在不能证否的情况下，相关部门的政策制定就需要三思。[1]

1 中国社会科学院世界经济与政治研究所副所长张斌在其《如何看待降低政策利率的五大疑问》一文中专门讨论过这个问题。

再考虑到中国已经进入了“万元美金”社会[1]，按照国际惯例，从这一阶段开始，潜在经济增速本身也是下行的。内因外因一起作用，经济增速下台阶是大概率事件。

结合前面关于“GDP增速和房地产收益率之间的关系”的讨论，我们可以得出一个结论：**房产的功能会从投资增值转向消费保值。**

消费：审美与功能兼具

其实，很多国家的房产都经历过从投资增值转向消费保值这个阶段。随着经济发展到一定程度，房子的消费属性自然会变强。

消费属性变强会给房地产市场带来很多变化。比如，从宏观上来看，**气候可能会成为房产价值的一个重要影响因素**。

今年看闲书，看到美国前总统里根1952年在加州买过一个房子，当时价格是2.9万美元；到1982年这个房子第一次转手的时候，价格是100多万美元，涨了30多倍。2017年，这个房子再度转手，成交价是2000万美元，比1952年时足足涨了近700倍。而同一时期，一度是美国第四大城市的底特律，房价跌幅超过了70%。

1 指人均GDP达到了1万美元以上。

加州和底特律不是特例。20世纪70年代，美国进入“万元美金”社会之后，佛罗里达、休斯敦和亚特兰大都是房价飙升的赢家，而克利夫兰、辛辛那提等五大湖区的城市都经历了剧烈的房价下跌。美国最著名的城市经济学大师格雷泽给这种现象起了个名字：**“阳光地带崛起”**——那些房价上涨的城市都位于温暖的、阳光充沛的地区，冬季平均温度大多在10°C以上；而那些衰败的城市都比较阴冷，冬季平均温度都远低于0°C。

这里面的道理很简单：社会经济水平越发达，房产的消费属性就越强，人们自然会选择气候更好、更宜居的地方生活。中国也一样。我们之前说经济“向南而生”，实际上房地产市场也会“向阳而生”——气候会越来越成为人们选择房产的重要决定因素。

不过，气候只是宜居的一个宏观维度。很多时候，宜居会更多地体现在微观的居住品质上。时尚博主黎贝卡发起了一个女性空间栏目《100个中国女孩的家》，里面展现了100个不同身份女性家装的不同风格和态度主张。其中争议最大的一位是“90后”插画师邵邵，她把租来的老洋房花重金打理成了花园小洋房，颇有种不惜倾家荡产的感觉。“房子是租来的，但是生活不是。”房子是租的——这样的故事今年格外多，看上去说的是租房，背后其实是新世代在居住这件事情上的价值观在变化。**买房置业的欲望腾出了一部分位置给居住消费，这时候，居住的舒适和生活的小确幸就会变得更加重要。**

58安居客研究院做过一个调研，发现46.7%的青年买房是为了改善目前的居住环境，20%是为了结婚，20%是为了子女教育，为了房产升值购房的占比不足一成。同样，《2023中国现代居住发展指数》调查显示，居住者“最不满意”的前三得票率选项分别是：与工作地点的距离（45.7%）、物业服务（37.3%），以及户型与布局设计（26.8%）。

软性的因素越来越重要，所以开发商开始在细节上追求“人无我有，人有我优”——比如说“卷”卫生间[1]。下沉城市[2]的房屋总价低，买房容易一步到位，所以中国三四线城市配有全明卫生间的户型占比超过九成，比一线城市高出11%。部分住宅产品已经出现了专门为老人设计的卫生间[3]。

除了这些硬件设施的品质细节外，社区服务、审美的溢价也变得越来越重要。但不管怎么“卷”，**共同特点是都回归到了人本身对房产的需求上**。就像我们在前面说过的：

> 围绕房子后面的东西挣钱，这大概将是房地产商们必须去“卷”的方向。

1　据房地产信息综合服务商克而瑞发布的《住宅产品的卫生间设计趋势》报告。

2　泛指三线以下城市、县镇与农村地区的市场，特征主要为范围大且分散。

3　门的宽度和内部宽度被扩大，以便轮椅通行。此外，马桶区和淋浴区均配备了扶手，使老年人更容易在起坐时获得支撑。洗手台的设计也经过了特别考虑，高度适宜，并在下方留有空间，以便使用轮椅时更方便。

充当炼金术的“房子”开始退出舞台，而作为消费、生活载体的“屋子”开始浮现。

所以我觉得，房地产行业不是从贵金属时代来到了贱金属时代，而是进入了一个**更微妙的瓷器时代**：投资、功能和审美都要兼具。和贵金属的统一市场价相比，瓷器更难标准化定价，美即正义，实用即正义。当然，**瓷器的价格分化也会更大，价格体系的脆弱性也更大。**

依然范特西：普通家庭的财富支柱

房产像瓷器，而买瓷器不仅仅是投资，也是消费，而且是具有高度审美的消费——这句话有时候容易被理解成“房产没投资价值了”，但我其实常会觉得，“房产在中国家庭的资产配置中占比太重”这句话是伪命题。

为什么？因为我们在现实世界里讨论资产/财富的时候，其实是**在约束条件下求最优**，但是绝大多数人会忘记或者根本搞不清“约束条件”是什么。

第一个约束条件当然是**财富本身**。资金有嫌贫爱富的天性，金融资产回报像滚雪球，球越大滚得越快，也就是俗称的“越有钱，越容易赚钱”——这些问题都是老生常谈了，这里略过。[1]

1 具体内容请参考得到App课程《香帅的北大金融学课》第224节“延展话题：科技金融能解决贫富差距问题吗？”

第二个约束条件是“**可选集**”。对大部分人来说，可选的大类资产没有那么多。

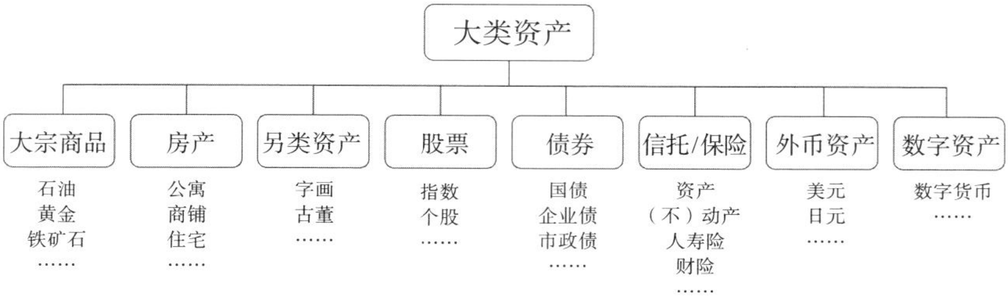

图3-4　常见可选大类资产

图3-4就是全球目前比较常见的“可选大类资产”，这里面：

大宗商品、数字加密资产，以及金融衍生品等，对专业知识的要求太高，稍不留神就会变成“韭菜天坑”，不是艺高人胆大的职业选手不能乱碰。

黄金的逻辑之前我们也讲过[1]：**黄金是人类贵金属货币时代的信用载体**。在人类社会进入纯信用货币时代之后，黄金作为凝聚人类共识的历史信用载体，具有**对冲波动和抗通胀**的功能。但随着人类逐渐向数字货币时代过渡，新世代的观念发生变化，黄金抗通胀的功能逐渐被数字货币取代，所以价值被削弱了。在这个背景下，黄金主要的功能还是对抗极端情形，同样不适

1　具体内容请参考得到App课程《香帅中国财富报告（2021—2022）》第15讲“博弈未来：比特币、美元和黄金”。

宜作为主体资产配置。

字画、古董，甚至包括钻石、玉石这些另类资产，存在两个问题。其一是专业门槛和资金门槛都太高；其二是过于非标。这两个特征决定了这是一个极为小众的高溢价市场。对于绝大部分人来说，进去难，出来更难。

保险种类太多，更适合用来作为保底而不是主体的资产配置。信托门槛高，目前国内市场也比较原始，普通中产家庭够不着，也容易踩坑。

考虑到中国仍然是强资本管制，人民币不是可自由兑换的货币，加上巨大的信息不对称，外币和国际资产配置终究是少数人的游戏，国内资产只可能以人民币资产为主体。

所以我们可以数一数，剩下的资产可选集里还有什么？不到一个巴掌。

这还没有完。

第三个约束条件更隐秘，那就是关于**资产回报率分布的真相**。

在这本书的引子里，我们用两个数学概念（**正态分布**、**右偏**）讨论了真实世界里我们观察到的分化。这里我们可以稍微回顾一下：

正态分布是我们生活中常见的一种分布，意思是大部分人处于均值（中位数）附近，极少数的人会特别好或特别差。比如人的身高、成绩、财富，都是这样。但是正态分布有不同的形状，一种叫左偏，一种叫右偏。所谓左偏，就是大部分人高于平均数，社会平均值被少数特别差的人拉低了。所谓右偏，就是大部分人低于平均数，社会平均值被少数特别好的人拉高了。目前我们看到的日趋严重的K型分化，结果就是越来越严重的右偏。比如我们的收入被马斯克平均了，企业的利润被头部企业平均了，等等。

而资本收益率的分布是绝对右偏的。如果一个社会的资本收益率只有2%—3%，那么绝大部分人的收益率会远低于这个数字。也就是说，很多人的收益率都是负的。是的，这是个扎心的事实：**未来很多个体家庭在资产上的均衡收益就是负数**。这也是我为什么一直强调，对于已有恒产的家庭来说，保值要优先于增值。

理解了这个约束条件后，再来看房产，可能就是另一种观感。

年轻时看周星驰的电影《唐伯虎点秋香》，看到“平平无奇”的秋香在“奇形怪状”的春香、夏香、冬香衬托下回眸一笑百媚生，我只是傻乎乎地乐不可支；20年后细细思量这场戏，竟琢磨出几分悲伤的通透，越发明白了**人生从来没有绝对收益，只有不同基准下的相对收益，就像美女，都是比较出来的。**

几个约束条件放在一起以后，我们会发现，资产配置就和人生一样，并没有那么多选择，很多时候不过是个“矮子里拔长子”的游戏。未来10年，大部分中国中产家庭的财富支柱，大概率还是房产。至于房产选择的核心逻辑，从2019年到2023

年，其实并没有太多变化。[1]

一年成聚，两年成邑，三年成都

2023年，我在几个城市出差，有几个时刻感受特别好，那是种很奇怪的感觉。

比如说在成都。晚上6点去太古里吃饭，路上看到几个网红小姐姐，一边咬着串，一边换着衣服，一边跟身后的摄影师、助理絮絮地交代着事情。三三两两闲逛的路人跟着凑热闹，我受到氛围感染，也忍不住跟上去看了几眼。同行的小伙伴顺手拍下了我的背影。她说，从我的身体语言看，我很松弛。

吃完饭跟朋友约在一座古建筑里喝茶，9点钟已经没什么人，据说大部分成都人是下午喝茶。我们在院子里的竹椅上坐下，皓月当空，旁边桂树低垂，零碎的桂花落下，薄薄的一地，暗香浮涌，一壶茶，几碟瓜果，就这么漫无目的地闲聊，搭不上话也不要紧。时间像流水一样滑过。结束时已经11点，街上仍然明亮，街边还有卖烤红薯和炸串的小摊贩，香味和油烟味飘出很远。就这么走回酒店，脑子里很放空。那一瞬间，想起了家，想起长沙。连自己都知道，那一刻，我的身体很松。

1 具体可以参考《钱从哪里来：中国家庭的财富方案》第四章、《香帅财富报告：分化时代的财富选择》第二章、《钱从哪里来4：岛链化经济》第三章等相关内容。另外，我将过去几年关于房产的观察做了个两节课的概要版，放在了得到App课程《年度得到·香帅中国财富报告（2023—2024）》里。

比如说在长沙。深夜从文和友走出来，睡过整个少年时代的夏季的露天竹床如今是商家的道具，在上面躺一躺，然后走在湘江边，湿润的风吹起，不远处渔人码头灯火通明，人间烟火，温暖又具象。什么都没想，就是很安定，很治愈。

这样的时刻还发生在广州、苏州。场景都不太一样，很多细节我也都忘了，但回想起来，那种感受是类似的。用我们长沙话说，叫“**怕懒得**”——大意是不在乎，没关系，慢慢来……在不同语境下可能有不太一样的意义，**整体上带点小小的温和的抵抗，但也有并不卑微的某种顺从**。对，松弛，不再像猎豹一样弓着绷紧，不再随时像即将离弦的箭一样蓄势待发。这可能是这几个城市的场景给我留下的整体感知。

然后我进一步想到，这几个城市有什么共性呢？除了广州外[1]，这几个城市不像北上深那样具有区位和增长潜力上的压倒性优势，但又处于地区性的核心位置，对周边人口和产业具有强大的虹吸效应。更重要的是，它们都是有着千年以上历史的古城，它们的居民有着自己非常稳定的文化内核，有着自己坚守的生活方式。用更文艺的话说，这些城市有“家”的味道，让人放松。

10月份，在整理资料，看房地产市场变化的时候，我恰好读到一句话——“**一年成聚，两年成邑，三年成都**”。一瞬间，

1 但广州也是4个一线城市里面比较特殊的一个，以后我们再仔细讨论。

在这几个城市经历的那些场景都浮现了出来。我意识到，这句话包含着“真正的城市”的三层要素，也包含着未来房地产市场的某种线索。

所谓“聚”，就是人的聚集，这是城市要义的第一层；所谓“邑”，是围墙、城墙，这是城市要义的第二层——人聚居之后就需要基础设施建设；但更重要的是第三层，即“都”——有了基础设施，汇聚了更多的人，形成了社区和相应的社会治理结构，再慢慢演化出文化传统、生活方式。所以，真正有生命力的城市，不仅仅是人的聚集（聚）和基础设施建设（邑），也是演化出来的社会治理结构、生活方式和文化传承（都）。

换句话说，在一定的发展阶段后，城市的概念是需要人文历史来承载的。尤其在当下这种增速放缓、社会价值观更多地从“物”转向“人”的环境中，这些软性的因素会具有更高的黏性，形成更强的归属感。古话里面说的“少不入川，老不离蜀”，除了强调地理位置上的隔绝外，其实也在说这个地方的社会治理、生活方式，以及文化传承的黏性。

这两年，城市抢人已经不是新闻，大家都意识到了人口对城市未来的重要作用。但抢人的招数也比较同质化，不是落户就是补贴，对高级人才大概还有人才房、小孩上学，等等——这倒没啥不对，只不过这几年下来，地方财政真的是捉襟见肘，大的补贴还真不一定拿得出，就算承诺了，也真不一定能兑现。更何况，城市抢人不是为了抢人，而是为了让这些人变成自己人，融入这个城市，成为城市的一部分。但“融合”这件事，不是一日之功。在城市化的后半段，单纯的钢筋水泥怪兽会逐渐失去吸引力。

宋代之后，中国严重缺乏城市文化。到1978年，中国82.08%的人口都是农村户口，剩下1.72亿城镇户口，精神层面也大都停留在农业时代，是认知和生存方式上的“农村人”。从1978年开始的这场城市化，是农村人跑步进城的城市化。而接下来的10年、20年，甚至30年，我们需要的是一场“城里人”的城市化。但城里人，从来不是户口、居住证，甚至不是房子，而是那些认识和看待世界的方式，那些能被坚守的文化内核。

未来我们在观察城市潜力的时候，也会顺着“聚——邑——都”这个思路来做研判，所以，在人口和基础设施建设这两个维度之外，我们会对“城市人文历史”这个因素进行更多的研究和思考。当然，希望明年的书稿中会有新的线索浮现。

告别，转身

“房地产”这一章已经写得有点长了，毕竟它是最切身、最让几乎所有中国人都有共鸣的话题，打开话匣子就容易停不下来。但作为书稿的一个章节，总要有结束的时候。

这个最“现实”的章节是从文艺清新的阿那亚李健演唱会开始的。他开场唱的是一首叫《一生守候》的老歌，“等待着你/等待你慢慢地靠近我”——在一个文旅地产出身的社区和一座著名的网红建筑里，两个小时“像海一样”的浅唱低吟，24首时代经典，3000多万人次的场观，12亿的曝光量，还有云南白药的赞助……

品牌营销、房地产、文旅、艺术、回归自然——几乎所有当下热门的消费符号，都集中在这个“秀”场里。要知道，阿那亚和李健从一开始就打算反流量。但奇怪的地方也在这里：一种反流量的模式和态度，偏偏混搭出了巨大的流量。

写到这里，我有点宿命地想，对于笔下这个烈火烹油了20

年的行业，这或许隐含了某种禅意吧。就像李健在最后唱的那首《晚安》：

晚安／让记忆松绑……卸下了翅膀……路／尽管依然会有阻挡／让我陪你一起飞翔。[1]

1　林宥嘉《晚安》。

第四章

中国制造：在数字化服务业中进化

电商改变服装生产流程

对的事情很难错过，对的事情很容易放大，对的事情反馈很快。

这是2023年我在对上百家企业进行调研的过程中，听到的最乐观的一句话，它来自35岁的郑泽宇。我是在调研“网红经济”和“服装柔性生产”时碰到泽宇的。一聊，他居然是长沙伢子，毕业于“长沙四大名校”之一雅礼中学，奥林匹克计算机竞赛选手，北大毕业后去美国卡内基梅隆大学念计算机硕士，然后进入谷歌做人工智能。2018年，他和太太一起回国创业，做了一个名叫“知衣科技”的“基于AI技术的服装设计供应链平台”。知衣过去几年始终保持着300%的年营收增长率，目前估值超过6亿美元。

穿着灰色运动衫的学霸男坐在我对面，满口服装厂的专业名词——新款、设计、打版、面辅料、样衣、配饰……多少有点违和。我忍不住问：“为什么进服装行业？”

泽宇笑了。“好问题。”他半开玩笑半顶真地说，“一半是偶然被骗，一半是必然选择。”

张大奕时代

这个故事可以追溯到2016年：那一年，鞋业霸主达芙妮、百丽破产，羽绒巨头波司登连续关店上千家；快时尚“一哥”美特斯邦威持续亏损。20家百亿市值的上市服装公司，其中一半的年利润不足5亿元。而同一时间，ZARA，H&M、GAP、优衣库、C&A等国际快时尚品牌在中国进入快速扩张期。其中拥有强大供应链的ZARA，被视为不可逾越的高峰。

ZARA的供应链强大在哪里？举个例子。从开始设计到成衣摆在柜台上出售，这段“前导时间”，ZARA是14天，而传统中国品牌是6—9个月。[1]缺乏弹性、数字化程度低的供应链，江河日下的夕阳行业——这是中国服装业在2016年的标签。

但故事的B面是，在电商的战场上，中国服装业供应链正在被快速改造、重塑，新物种开始不断涌现。这一年的新物种中，最引人注目的存在叫张大奕。在纪录片《网红》中，穿着白色棒球服、留着齐刘海、卷发外翻的淘宝网红张大奕，对着镜头娇俏又自信地说：“2016（年）绝对是张大奕的时代。”

这句话并不夸张。2016年，拼多多用户刚过1亿，抖音刚

1　数据源自中泰证券研究报告。

上线，淘天系电商正处于一统江湖的巅峰时刻。作为当年淘宝头号网红模特，张大奕的微博粉丝数量高达470万。她在网上晒出的日常穿着美照，被视为“每个女孩都想活成的样子”。当年“双十一”，张大奕主理的“吾欢喜的衣橱”淘宝店在不到4分钟时间内销售破亿元，成为淘宝第一家销售破亿的女装类店铺。也是在这一年，她的网红孵化公司如涵控股获得了阿里巴巴3亿元投资，并在3年后登陆纳斯达克，一度被称为“中国网红经济第一股”。[1]

张大奕的合伙人叫冯敏，1981年出生的温州人，也是张大奕传奇的操盘手。7年后10月杭州的阳光中，圆头圆脑的冯敏抽着细细长长的“大重九”，回忆说：

“（我们）2013到2014年左右开始发展网红。当时社交媒体上的买家秀对淘宝店的带动效果不错。微博的红人可以为好的淘宝店引流。正好2013年阿里巴巴投资了微博，两个链路变得比较容易打通。因此，（我）开始考虑从微博上赚流量，可以帮助别人增长粉丝。张大奕是最早签约的，粉丝量很快从20万涨到400万。之后按照这个思路签约了很多平面模特。但是当时广告收益比较少，最好的变现方式就是帮他们开个美妆或者服装的淘宝店 。”

1　如涵控股成立于2001年，是国内较早的红人孵化公司。自2014年成功孵化张大奕、开创“网红电商”新模式后，如涵控股先后获得赛富亚洲A轮融资、君联资本B轮融资、阿里巴巴C轮融资，并于2019年4月3日登陆美国纳斯达克，成为中国网红电商第一股。2021年4月22日，如涵控股宣布已经完成私有化交易，公司即日起从纳斯达克退市。

从有互联网开始，中国的网络“红人”就层出不穷，但将“网红”做成一种商业模式，发展出“网红经济”的，冯敏和张大奕算是初代试水者。在《智能战略》[1]一书中，曾鸣教授花了很大篇幅讨论这种被命名为C2B（消费者到企业）的商业模式：

一个网红的品牌不是推送给消费者静态信息。推送静态信息不过是更传统的B2C思维模式的延续，在这种模式下，社交媒体只不过是传播营销文案的扩音器。相反，品牌是网红和铁杆粉丝一起打造的，它是由消费者创建的。

在一个网红的微博账户里，你会看到源源不断的生活记录更新、游记、服装照以及各种尴尬的自拍。大多数帖子下面会有成百上千的回复，这些回复中既有爱慕和抱怨，也有各种个人问题倾诉。网红会对某些她自己认可的评论做出回复。虽然营销团队有时也会为社交媒体撰写宣传文案，但顶级网红从不会让其他人代替自己回复粉丝。品牌不是通过广告公司会议室里的讨论建立起来的，而是通过这种一来一往的互动建立起来的。

评论和讨论的逐渐汇聚，消费者信念和偏好信息的一步步累积，最终构建了品牌。在此之前，这些有价值的内容只能通过市场调查间接地提供给品牌；现在它实时产生，并被记录在社交平

1　曾鸣：《智能战略》，周大昕、崔传刚译，中信出版集团2019年版。

台上。这就是C2B世界的品牌塑造，一个共同创造和共同演化的过程，一个让消费者享受其中的过程。

大E（张大奕）每两到三周就会在自己的微博账号上晒出新的衣服款式。这些衣服很快就会在淘宝的限时抢购中被疯狂的粉丝预订一空。这些限时抢购总是会制造出爆品。与此同时，如涵会在销售之前和销售期间就将销售数量通知其生产合作伙伴，后者在接到订单后开始按照需要的数量进行生产。这些衣服几天内就可以发货，而且因为是按需生产，所以很少有多余的库存。

按需营销使得按需供应链成为必需，否则结果将是灾难性的，消费者会等待很久才能得到商品，并且会在社交媒体上大声抱怨，令网红的可信度和品牌形象受损。为了避免这种恶性循环，供应链必须满足网红限时抢购的严格要求，**即能够在3—7天内以低边际成本小批量生产质地优良的服装。**

在张大奕和如涵之后，淘宝网红品牌如雨后春笋般冒了出来。以雪梨、林珊珊为代表的宸帆，张林超，还有孵化微博网红的缇苏……网红电商成为一时之风潮。[1]但网红们并没有传统服装品牌的营销渠道，她们的品牌信誉建立在社交媒体的巨大触

1 根据Frost & Sullivan的数据，淘宝网红服装赛道的营收2016年超过500亿元，2017年超过900亿元，2018年接近2000亿元，2019年超过2500亿元，2020年大约3400亿元。

达面和即时反馈机制之上。这意味着，与当年线下的零售店一样，一家淘宝店要想生存下去，**小批量**和**快迭代**成为必须。

随着淘系红人品牌逐渐长成千亿级规模，它们对供应链的影响开始凸显。**那些依靠淘系的服装厂要想生存下去，“按需生产，小单快返”的能力逐渐成为标配。**

好在浙江本来就是服装供应链密集的区域。有大量小工厂围绕的杭州四季青服装市场，是中国最具影响力的服装一级批发与流通市场之一。很多淘宝店就直接从四季青市场采购。因此，供应链本身并没有给淘宝网红店主们带来太大约束。

有了整个淘系商业技术基础设施和支付宝的支持赋能，在“快时尚”这个领域，淘系红人品牌完全可以媲美甚至超过ZARA的“快”，但痛点出现在“时尚”两个字上。第一个吃螃蟹的如涵率先感受到了这种痛。

从2016年到2017年，如涵开了大几十家店。每个红人都有自己单独的品牌，除了张大奕外，还有大金、莉贝琳……全都有粉丝百万、带货破亿的大店。几十个品牌，一个月要出1000多个款式，逐渐就有了开发款式，也就是设计的需求。恰好那也是SaaS（软件运营服务）创业最火的时候，冯敏推己及人，认为可以做一个设计师SaaS工具——这个工具一方面要用爬虫大量积累相关数据图片，另一方面要用AI快速识别出服装的品类、款式、面料、织法，甚至领子、袖口都要一一打上标签。因为在快时尚的设计中，你可以将一件服装理解成包括上述这些要素在内的N个要素的排列组合。

2017年，冯敏找到当时还在美国的郑泽宇团队做外包商——就这样，人工智能精英男“下凡”到网红经济和快时尚赛道。回忆起这段经历，泽宇忍不住笑了起来，说自己是“炒股炒成股东”的典型。那几年有很多企业希望泽宇帮他们做人工智能解决方案，包括能源行业的、金融行业的，其中如涵的课题是金额最大的一个，350万元。对这个行业几乎一无所知的泽宇第一反应是“啊，服装行业居然这么有钱”，然后就一头扎了下去。

对的事情很难错过

如果这算是“偶然被骗”的话，泽宇发现，其实数字化和智能化在这个行业有落地的真实需求，能切实地助力产业，这才是更重要的“必然选择”。

和很多人想象的不一样，流行服装设计师的工作不是天马行空地画图，他们最核心的工作其实是“选款”和“实现”：选款要求读取大量的流行款式图片，选出“最可能热卖”的款式，然后在袖口、领子、颜色等地方做修改；接下来是“实现”，包括找面料、核价、确定工艺等更“工业化”的工作。

在这二者当中，“选款”是关键。而选款既取决于设计师的品位和市场敏锐度，也取决于可借鉴图片的数量和质量，以及读图的效率。

面对这项工作，早期的设计师基本就是炒冷饭：日韩借鉴欧美，我们再借鉴日韩，然后再从一线到三四五线城市。时间周期很长，可借鉴图片的数量和质量堪忧。

在传统品牌模式下，这没问题——等个一年半载，慢慢琢磨面料、辅料、配件，然后下个三五十万甚至百万件订单，再铺到各个门店——但现在这个模式被电商，尤其是淘系品牌给打破了。

事实上，中国的服装产能是过剩的，生产速度非常快，现在销售端也更快、更个性化了，匹配度就变得很高——中国有数万个服装品牌，消费者叫得上名字的屈指可数，剩下的品牌拼什么呢？**款式（即设计）和模特对款式的呈现（即网红）**。在制造能力不拖后腿的情况下，只要这两项能吸引到消费者，某个品牌就很可能在短时间内迅速卖爆，甚至超过用10 年、20 年时间沉淀下来的知名品牌。

所以，泽宇发现，对于服装行业来说，设计成了核心环节：因为它连接着品牌、消费者和生产者。它不是一个单纯的创意活动，而是跟生产、销售都密切相关的环节。设计的平庸和低效，会极大地损害品牌的价值。换句话说，“帮设计师和品牌提高选款能力”是一个真实存在的需求。

在服装行业，泽宇团队在AI算法技术方面的能力属于“降维打击”。了解了设计师的工作流程和选款方式后，他们很快建立了庞大的即时时尚图片数据库——对于设计师和品牌来说，这个产品颇有点类似金融圈使用的万得或者同花顺，能够提升他们做流行趋势预测和“找款”的能力。

在与如涵进行了一年的课题合作后，2018年，泽宇决定和太太辞职回国，跟冯敏共同创立知衣科技。起初半年，互联网免费思维下的推广非常不顺利。泽宇意识到，这是个软件，那就老老实实按软件的卖法去干。他组建了销售团队，开始自己背着包敲开各个服装品牌老板办公室的门。第一个月就成交了5单，到当年年底，成交了60单。对时尚反应速度要求高的网红电商品牌，很多都是当场下单；在尝到数据驱动的甜头后，它们的复购率高达100%。截至2023年，知衣已经服务了70%—80%的知名中国服装品牌，包括森马、UR、欧时力、太平鸟、Ubras、歌力思、蕉内等，营收近5亿元。

2022年4月，在极度悲观的投资情绪和SaaS赛道几乎已经万马齐喑的背景下，知衣宣布连续完成3轮共计1亿美元融资，估值达到6亿美元——放在当年的大环境里，这个数字尤其证明了企业的自我造血能力。

说到这里的时候，泽宇一再强调：“对的事情不会错过，反馈很快，容易放大……如果事情真的对，外部环境差一点，甚至团队不完善，都只可能是放缓而不是改变发展的趋势。”

在我看来，这句话对当下中国经济的“破局者们”格外重要。从外部环境到内部动力，从消费世代到技术革命，我们过去几十年习以为常的很多东西都同时在发生变化——今天感受到的低落、纠结和困惑，其实很难做单一的归因。但是，如果摒弃基于历史经验的宏大叙事和预期，微观上的规律其实并没有那么多变化。就像泽宇说的，如果事情真的对，外部环境差一点，甚至团队不完善，都只可能是放缓而不是改变发展的趋势。

服装供应链被重塑

在如涵从“电商”到“红人”再到“设计”，一步步往“服装制造”渗透的同时，出生于1984年的山东淄博男孩许仰天也从电商逼近了制造环节。

回顾刚刚过去不久的历史，我们会发现，包括服装在内的中国产业供应链的重塑是一个**“三浪叠加，渐进演化”**的过程：

·1994—2008年，大规模的快速工业化，初步形成中国制造的供应链体系，解决了“量”的问题。

·2008—2012年，中国完成工业化，经济动力重心逐渐从制造向服务迁徙，倒逼制造从“量”向“质”做转型。

·2012—2018年，移动互联网创业大潮集中在服务业。“平台模式”使标准化和规模化的数字化服务业逐渐成形，从用户、营销、物流等各个方面不断演进，然后反向渗透并影响包括生产流程在内的整个供应链——在高效率、低成本的大规模协同倒逼下，形成了**高效且有弹性的供应链体系**。

许仰天和他的SHEIN就是第三浪中的冲浪者。

全球最大的快时尚跨境电商平台

时间退回2011年。那一年，普通家庭出身、普通学历的许仰天在淘宝做婚纱跨境电商淘到了第一桶金，开始转做女装服饰全品类独立站Sheinside，后升级为SHEIN。SHEIN复刻了国内女装电商“方便，便宜，款式多，翻新快”的模式，从ZARA的大本营西班牙开始，一路势如破竹，在法国、俄罗斯、德国、意大利等国家攻城拔寨。3年后的2014年，SHEIN出货量超过500万件，营收超过1亿元[1]，App正式上线，并确立了对标H&M、ZARA的快时尚服装品牌定位。

从2016年到2019年，SHEIN的营收从10亿元到了160亿元。在很多欧洲国家的App下载量榜单上，SHEIN经常和亚马逊、eBay一起处于前三名的位置。2020年的疫情让SHEIN的命运发生飞跃——全球生产一夜停摆，人都被封在家中，线上订单像雪片一样飞向能够正常快速响应的中国供应链。当年SHEIN营收突破100亿美元，并在之后两年保持着每年50%的高增速。

2021年，10岁的SHEIN取代亚马逊，成为美国iOS和Android平台下载量最多的购物App。2022年，作为全球最大

1 据互联网公开数据，可测算出SHEIN在2015年的营收为3.47亿元，2014年营收上限在1.2亿元。

的快时尚跨境电商平台，SHEIN以227亿美元的年营收，超过H&M（220亿美元）和优衣库（157亿美元），成为仅次于ZARA（352亿美元）的全球第二大快时尚巨头；同时其估值达到660亿美元，是继字节跳动（2250亿美元）、SpaceX（1500亿美元）、阿里云（1240亿美元）、信实零售（1000亿美元）和蚂蚁集团（870亿美元）之后的全球第六大独角兽企业。

命运从来不会青睐没有准备的人。能承接住这次幸运的叩门，关键在于SHEIN早就开始打造的供应链体系。早在2014年，当杭州的如涵开始从电商转向镁光灯下的“网红经济”、向产业链微笑曲线的右侧推进时，广州的SHEIN就意识到，更注重跑量的跨境电商对供应链的依赖度太高，如果没有高度整合、运转丝滑的供应链，企业成本会随着规模扩大而不断上升，最终无法持续。于是，许仰天果断将供应链整合放在了核心位置，并选择番禺作为基地，打造了一个“极致低价，7天出货”的供应链体系。**而这个体系的秘密，在于“数字化协作”。**

SHEIN千亿元营收、10亿件出货量的背后，是成千上万的服装企业——面料、印染、拉链、纽扣、成衣……高度的专业化分工意味着供应链是分散的。对于传统服装行业长达6—9个月的营销周期来说，这些企业的协同时间可以忽略不计，质量控制也可以接受一定冗余，但现在电商网红品牌也好，跨境快时尚品牌也罢，主打的就是“快”与“灵活”，供应链必须跟上这个节奏。

比如说，有家叫浔兴的拉链厂，就是SHEIN的供应商之一。

拉链行业平均生产周期是10天，但SHEIN的订单要求是3天内就要生产出来，而且是大量SKU（单品）、每个SKU只有几百件的小单——所以浔兴的产线上，拉链品种是几万个，订单像股票价格一样实时跳动：上一秒要a型拉链12条，下一秒要b型拉链200条……要做SHEIN的供应商，就必须适应这种“小单快返”的柔性生产方式。

SHEIN每年出货10亿件，光“黑色星期五”一天，出货量就超过1000万件。而且从顾客按下“购买”按钮那一刻，到海外顾客拿到货，只需要7—15天。这样庞大的订单量会瞬间分散到成千上万家工厂——一件衣服大概有验布、裁剪、印绣花、缝制、整烫、检验、包装等七八道典型工序，可能涉及多家工厂、多个环节的排期、生产、物流。可以想象，这些环节必须在一个系统里以极高的精度快速协作，否则根本不可能在7天内满足这样庞大的订单量。

借用浔兴拉链CIO（首席信息官）的话，“**传统制造业要提高效率，自己快是不够的。最关键的是，企业与企业之间的协作要顺畅，整个产业链才能加速**”。

像SHEIN这样的企业，为了完成快速的大规模协作，必须将上下游企业纳入自己的数字化系统。同时，又因为其处于整个产业供应链的枢纽节点，它的外溢效应最终会对整个产业链完成改造。

这些企业被数字化整合后，就形成了中国服装行业的柔性供应链，这也是今天SHEIN的核心优势：ZARA平均每天上新70款，SHEIN是3000多款。[1]更重要的是，柔性供应链一旦成熟，就会产生更多的外溢，很多品牌就更容易站在巨人的肩膀上，直接复用SHEIN 建立的柔性供应链能力。

对于这一点，33岁的文航有更形象的描述。和泽宇一样，文航也是“别人家的孩子”：“90后”，毕业于成都七中、美国伯克利大学计算机系。他与合伙人一起创立了一家全球快时尚品牌公司，并快速成长为估值高达10亿美元的独角兽企业。同为IT男，文航对“站在巨人肩膀上”的理解，其实和泽宇做知衣之后摸索出的原则颇有几分类似，整体来说，就是“看趋势，找洼地，定方向”。

“第一，2019年后做一个用户体验很好的App，就像在2010年后做一个天涯论坛或者豆瓣一样：移动互联网创业风潮已过，以后要深耕产业。第二，找洼地很重要。比如在服装赛道上，SHEIN这家公司是我在2018年刷App Annie的时候，发现有个中国公司在欧洲很多小国家服装购物榜单上排第一或者第二，但居然从来没有听说过——但凡一个东西没在北京受到广泛报道，可能就是洼地。第三，最重要的是，中国现在具备做全球化品牌的能力。中国在加入WTO（世界贸易组织）之后，过

1　张成晨：《这个与 SpaceX 估值相当的神秘国产品牌，才是快时尚的未来》，https://36kr.com/p/2052271588154368，2023年11月6日访问。

去20年其实在制造跟设计方面已经很牛了。比如服装，很多欧美品牌都是中国工厂提供的设计。中国工厂早已不是代工，而是代工加代设计加整体方案。再比如手机制造，上一代手机制造巨头诺基亚、摩托罗拉的最后几代机型，大部分设计和研发由中国完成。但别人掌握了brand（品牌）和taste（品位）。快时尚行业也是一样，大部分设计师在中国，但缺少做出品牌的人。所以2020年我们进入快时尚品牌行业，判断是**未来10年（2020—2030年）最大的机会之一就是依托中国的生产力和供应链，做全球化的品牌**。到2030年，如果不考虑地缘政治因素和刚出现的人工智能，世界上各种生活品牌中，TOP 10里面至少会有三到四家中国品牌或依托中国长出来的品牌。现在已有的是在3C领域，像华为、大疆。但其他领域机会也很多，服装、饰品、细分赛道美妆等，都可以。”

文航对产业供应链被数字化平台改造重塑的演化路径有自己独特的理解。他用餐饮业给我举例——如果我们将餐饮行业看作一个包括采购、运输、配菜、菜品制作、销售、物流在内的复杂供应链（网络），美团/饿了吗这么的平台就是其“管理系统”：一方面在前端直接卖货（DTC，direct-to-consumer），另一方面对后端的流通和生产进行整合和改造，以适应C端高频、零碎而异质的消费需求。在这个供应链改造整合的过程中，会发生巨大的新旧替换，也会带来很多新机会：比如更多品类的连锁店实现超高速扩张，比如中央厨房、预制菜、产地原采等新模式的出现，比如物流冷链等行业的快速进化，等等。

与天然分散化、本地化的餐饮行业不同，服装行业本身工业化程度高、产业链条长，但其整合的侧重点也是对供应链各个环节的“链接”与“融合”，让整个供应链可以极致敏捷，柔性地直接反馈消费者的需求。

向微笑曲线两端延伸

生产流程和供应链的变化绝不仅仅止于服装制造业。像家用电器、建材等消费品，之前多依赖层级式的营销渠道进行铺货，生产都是根据各级渠道汇总的信息做计划。现在营销的链路缩短，生产就必须适应高频、小单、快返的节奏，同时，用户反馈也更快地反映到产品设计环节。整个行业被倒逼着变得生产效率更高，供应链更灵活，产品迭代更快。

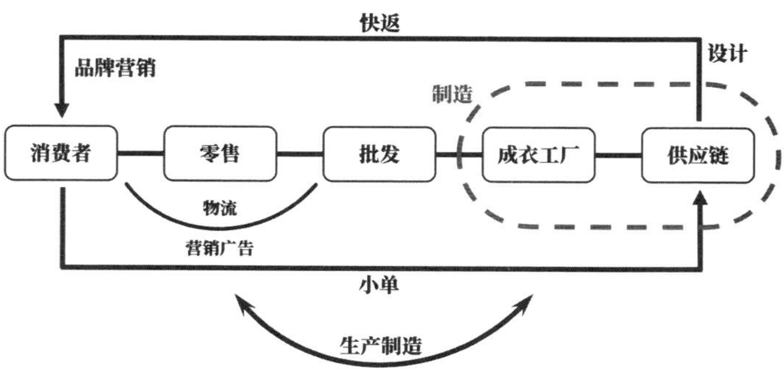

图4-1　服装制造业产业链的微笑曲线

在产业链上，前端的创新设计，后端的品牌营销，都具有高附加值，只有中间的生产制造环节是低附加值，凹陷下去，形成了一个“微笑”的形状——这条微笑曲线一直是中国制造的心头隐痛（见图4-1）。但过去一二十年，随着中国的商贸、媒体、物流等各种服务业被深度数字化，生产制造环节和前后两端连接更紧，界限逐渐模糊了。在这个意义上，中国数字化服务业的快速发展，反哺和改造了供应链，加速了中国消费品制造向微笑曲线两端的移动。

2023年下半年，一个在品质和审美上都极其挑剔的朋友耗资千万完成了自己家的装修。我去她家喝茶时，发现地板、瓷砖，甚至金属门把手，大都是国产品牌，工艺设计和质量大体上能和德国产品媲美，价格则在德国产品的1/4到1/3。而且就像文航所说，即使是欧美品牌，很多也“都是中国工厂提供的设计”。所以，未来“最大的机会之一就是依托中国的生产力和供应链，做全球的品牌”。

跟这位朋友聊着天，我突然想起了2008年的一本畅销书，《离开中国制造的一年》[1]。书的作者是一个叫萨拉的美国记者，她在2005年带领家人做了场试验——整整一年不用中国产品，看看美国普通家庭被中国制造影响有多深。试验结果是，可以

1 ［美］萨拉·邦焦尔尼：《离开中国制造的一年》，闫佳译，机械工业出版社2008年版。

活，但非常昂贵和不方便。萨拉在书中感叹道："中国人是制造物美价廉玩意儿的大师。"

物美价廉这个词的A面是中国巨大的工业生产能力，B面则是中国制造处于价值链底部的困境。但15年后回头看，我们孜孜不倦追求的"制造业升级"，核心动力未必来自制造本身，而是来自消费互联网，来自服务业的深度数字化。在这个意义上，我想，也许数字平台和制造业终于要"金风玉露一相逢，便胜却人间无数"了。

制造业在数字化服务中进化

这两年在研究数字化的过程中，我时常因为一件事情而苦恼，那就是怎么分清经济的“虚”和“实”。我们知道，制造业是实，平台服务是虚。但对我来说，数字经济的灵魂之一，就是虚实边界正在消融，制造和服务相互渗透。

比如说，亚马逊是一个典型的平台，算是“虚”；但它上面900多万个卖家，其中大概有一半以上来自制造业，这是“实”吧？挖掘机是典型的制造业产品，肯定要算“实”；但它的经销商、物流、IT系统，甚至工厂管理，本质上又都是服务业，这都属于“虚”吧？

然而，在传统的观念中，制造业和服务业的悲喜并不相通。

2004年，时任美国经济顾问委员会主席、经济学家格里高利·曼昆说，“（服务业和制造业）是很难区分的……将水和浓缩物混合制成软饮料属于制造。然而，如果这项活动是在小吃店进行的，它就被认为是一种服务。”[1]这个表述在美国引起了轩

1 N. Gregory Mankiw, Remarks to the National Economists Club and Society of Government Economists The Economic Report of the President, https://georgewbush-whitehouse.archives.gov/cea/economic_report-20040217.html, retrieved Nov. 8, 2023.

然大波。几天后，《纽约时报》的专栏文章激烈地批评了这番话，认为这是布什政府试图通过改变制造业定义来掩饰制造业衰败的真相。[1]

对于中国这样的传统制造大国来说，要让上一代人理解制造和服务的这种融合更为困难。过去十来年，中国经济增速的下滑和制造业增加值的下滑是两条高度吻合的曲线。2011年，中国GDP增速从上一年的10.6%回落到9.6%，从此一路下行。2012年，中国制造业增加值占GDP的比重从上一年的32.06%回落到31.53%，也从此进入下行通道。这种重合很容易推导出一个结论，即制造业比重的下滑是经济下行的罪魁祸首。所以直到今天，很多专家学者还在呼吁"应该阻止制造业比重继续下降。保增长、稳就业要稳制造业"。

在静态的二分世界里，我们习惯了非黑即白，平台是虚，制造为实。制造业要发展，平台就需要受限制。而在动态的现实世界中，我们看见的却是它们在各自的进化中不断接近。我相信，在可见的数字化未来，我们会越来越意识到，制造其实是服务的一部分，而正是数字化服务业的广度和深度，决定了未来制造业的效率和质量。

1 David Cay Johnston, In the New Economics: Fast-Food Factories?, https://www.nytimes.com/2004/02/20/business/in-the-new-economics-fast-food-factories.html, retrieved Nov. 8, 2023.

第五章

服务业工业化：数字能力

服务业工业化1.0

清早上火车站/长街黑暗无行人/卖豆浆的小店冒着热气。

从前的日色变得慢/车，马，邮件都慢/一生只够爱一个人。[1]

这个场景，曾经是几代人共同的生活记忆，放在300年前，大概也只需要把工业革命带来的火车站改为驿站。

的确，住宿、餐饮、零售、美容、家政，这些劳动密集型服务业，几千年来面貌都没有太大改变，一直都是地域性、分散、小规模、慢节奏的代名词。就像我最喜欢的经济学家加尔布雷思在他的经典作品之一《经济学和公共目标》一书中写的，**服务业天生是本地化和分散化的。**

和服务业不一样，过去的300年，制造业的面貌发生了翻天覆地的变化。

这个变化的源动力，是工业化。

所谓工业化，就是通过标准化生产流程，实行最广泛的分

1 引自木心《从前慢》，收录于诗集《云雀叫了一整天》，广西师范大学出版社2013年版。

工，从而不断降低成本，快速扩张规模。

汽车的普及是工业化的典型写照：诞生之初的汽车是手工作坊生产，19世纪末，装配一辆汽车要728个人工小时。当时全世界汽车年产量只有12辆，是典型的富人玩具。1913年，亨利·福特搭建了世界上第一条流水生产线。他的原则是“按工序将工具和人排列起来，以便能够在尽量短的时间内完成零配件的装配”。按照这一原则，他把装配一辆汽车的所有工序分成了7882个，工人们只需要站在流水线旁边，完成某个细分工序就可以——这种流水线作业让一辆汽车的装配时间减少到了90分钟。[1]

此后，大规模的标准化生产被广泛运用于汽车生产中，每个装配环节都在年复一年的熟能生巧和技术创新中缩短了时间——到了1927年，流水线上每24秒就能组装一辆汽车。截至当年，福特总计售出超过1500万辆汽车，占全球汽车销售总量的50%。

随着生产力的不断扩张，福特汽车的价格也快速下降：1908年，福特生产了6000辆T型车，每辆售价850美元；1916年，福特生产了50多万辆T型车，每辆售价360美元；到了1927年，第1500万辆T型车售价仅为290美元。

福特说：“轿车价格每降低1美元，我就可以新增1000个购

1 ［美］亨利·福特：《福特自传：不忘初心，进无止境》，陈永年译，华文出版社2017年版。

买者。”就这样，汽车成了美国家庭标配。1907年，1000个美国人中只有1.2个拥有汽车；到1920年，这个数字变成了86。而2022年，美国有2.8亿辆汽车，普及率高达84%。

昔日王谢堂前燕，飞入寻常百姓家。不仅汽车，冰箱、电视、手机……都是这样进入我们普通人家庭生活的。从工业品消费的角度来看，你我的生活水平跟顶级富豪们并没有太大差别——巴菲特爱喝的可乐，你我都能来上一罐；比尔·盖茨爱吃的麦乐鸡，你我都能来上两块；库克用的iPhone（苹果手机），跟你用的性能没太大差别，都内置了3纳米芯片、4800万像素摄像头。

这，就是工业化的社会意义。通过标准化、规模化降低成本，让奢侈产品平民化，让普罗大众都能用到代表这个时代最高科技水平的产品。

但是，直到20世纪50年代，工业化都只是制造业的专属，服务业的技术进步速度一直很慢。普通人和富豪生活水平的关键差异，就在于服务——居住环境、教育资源、医疗保健、专属司机、米其林餐厅……优质的服务是稀缺的，也是昂贵的。

但最近半个世纪，事情正在起变化：服务业的工业化一日千里，走向了“地域性、分散、小规模、慢节奏”的对立面——规模化、快节奏、价格下降。那些最发达的工业国，比如美国、英国、法国、日本……都是服务业在GDP中占比最高，其中美国的服务业占比超过80%。而美国的服务业，就是高度工业化的产物。

我们熟悉的麦当劳、肯德基、必胜客、星巴克……无一不是美国服务业工业化的典型代表，也是美国品牌攻占全球市场心智的利器。而在第二次世界大战之后，这些品牌纷纷加入了“万店”的浪潮：

1955年，麦当劳创立；1970年，1000家店；1988年实现1万家店，耗时33年。

1952年，肯德基创立；20世纪60年代中期，1000家店；1995年实现1万家店，耗时43年。

……

麦当劳的标准化和规模化[1]

这波浪潮之所以出现在“二战”后，并非偶然，而是美国工业演进的结果。

20世纪上半叶，美国在全国范围内建起了庞大的公路和铁路系统，形成了四通八达的交通运输网络；汽车工业的飞速发展，让美国家庭生在轮子上，几乎人均一辆汽车。20世纪60年代，航天科技的发展带来了副产品——冷冻干燥技术。在冷链行业发展的同时，真空包装业也在进步，食品的保存期、保鲜期

1 部分内容参考自约翰·李·汉考克执导的美国传记电影《大创业家》。

大大延长，餐饮业供应链的半径得以扩大至全国范围。“基础设施+汽车工业+冷链物流”，极大地推动了美国国内统一市场的形成。

麦当劳就是在这个背景下诞生的。越来越多的美国人踏上了汽车旅行之路。新铺设的道路旁边，涌现出一批快餐店。1937年，刚刚来到美国的犹太移民后裔莫里斯·麦当劳与理查德·麦当劳兄弟开办了一家典型的“得来速”汽车餐厅[1]，这就是麦当劳的前身。

为了实现快餐的“快”，麦当劳兄弟做了几件事：

第一，**精简品类**。他们发现，餐厅卖得好的拳头产品只有寥寥几样——汉堡、薯条、软饮这三类产品占到了销售额的87%，其他边缘产品又占库存又没钱赚。于是，他们把菜单从27项精简为9项，推出招牌的15美分汉堡。

第二，**设计备餐流水线**。有人专门负责烤肉，有人专门负责烤面包，有人专门负责打包，将出餐时间从30分钟缩短到30秒。

第三，**减少人员投入**。培养消费者自助点餐、取餐、餐后处理的消费习惯。

这是麦当劳兄弟的“餐厅经营标准化”，相当于做出了一个可复制的单店模型。

1　指不下车便能用餐的外带快餐服务。顾客可驾车在门口点餐，然后穿过或绕过餐厅，在出口处取餐。

随即，麦当劳改革了特许经营模式——在此之前，特许经营主要是“贴牌”模式，集中在商品商标的授权使用上，而没有对餐厅的产品质量、服务流程和经营方式进行统一的标准化管理。久而久之，各家麦当劳餐厅一定会变得良莠不齐，不利于品牌声誉。1955年，麦当劳兄弟支持雷蒙·克罗克成立了麦当劳连锁公司，开始在全国推广新的特许经营模式，招募加盟商进行统一管理，相当于对单店模型进行复制粘贴，完成了规模化。[1]

今天的麦当劳在全球100多个国家拥有40275家餐厅[2]，其中超过95%是这种高度标准化的特许经营商——不管你走进美国纽约的麦当劳、中国铁岭的麦当劳，还是大洋洲某个岛屿的麦当劳，你都可以预料到自己吃到的牛肉汉堡会是什么味道，不会太惊艳，但也不会太糟糕。

对于今天的我们来说，这似乎司空见惯。但你可能没有想过，对于高度非标的服务来说，这是件多么令人震撼的事情——**单一口味的全球化，在人类历史上是前无古人的。**

这件事是怎么完成的？**答案就是近乎偏执地追求标准化——标准化店面、标准化管理、标准化菜单和标准化食品准备方式：**

---

1 雷蒙·克罗克的愿景是将麦当劳扩展到全美及全球，而麦当劳兄弟则担心过度扩张会影响质量。1960年，规模扩大使克罗克感受到了麦当劳兄弟在理念上的限制。1961年，克罗克以270万美元买下了麦当劳的商标。

2 数据源自statista。

· 自创立以来，麦当劳的菜品很少变化，主要就是汉堡、炸鸡、薯条和饮料，全球所有店面的菜单必须保持一致，确保菜品品质和口感始终如一。

· 每一家特许经营商都要接受严格的标准化培训，从店面设计、团队管理到每种产品的烹饪，保持店面管理的高度一致性。

· 所有加盟店的原材料、机器设备，都由麦当劳总部选定的供应商统一供货。

· 从选址设店、开店迎客、原材料采购、产品加工、质量控制、店铺营运、经营管理到形象设计，各业务部门、各业务环节，以及不同工种的各层次工作人员，都使用统一的操作规则和作业手册——据说这本手册上的标准已达25000多条。

· 就连消费者行为也被规训为流水线：排队，点单，取餐，几分钟之内吃完，收拾餐盘，走人。

你发现了吗？**麦当劳的做法和福特汽车生产线非常相似：高度标准化、流程化——这也正是服务业的工业化**。在这一基础上，非标的餐品、服务像工业品一样被快速规模化，当品牌扩张到一定规模后，网络效应和规模效应就会出现——

密集分布的门店，可以共同使用生产和配送设施，共享广告投放的效果。门店之间距离缩短，也提升了物流的配送效率，便于实现多批次、小批量的配送。而且，企业只需要在一个地区设厂生产，随着附近可支持的门店数量变多、规模变大，它的固定费用率会不断下降，盈利能力也会随之增强。

更重要的是，**麦当劳的工业化能力并不止于自身，而是在向整个行业溢出——**

伴随着麦当劳餐厅在全美的遍地开花，土豆、肉类、面包等产品的需求量变得惊人，而麦当劳对这些食品的苛刻要求也远远超出供应商的预期。以炸薯条为例，麦当劳发现，最适合炸薯条的土豆，固形物[1]含量应该在21%以上。因此，麦当劳在采购土豆时极其严格，采购人员甚至会携带水分测定仪对土豆进行测试。同时，为了保障合格土豆的供给，麦当劳派出研发人员前往艾奥瓦州的农场，拜访最适合油炸的艾奥瓦土豆的种植者，了解他们的种植和施肥程序，并对其进行推广。

1962年，当麦当劳餐厅的总数超过400家、每年土豆消耗量超过600万磅的时候，庞大的购买量已经开始倒逼美国的土豆行业调整生产，以适应麦当劳的需求。土豆种植者开始遵循麦当劳提出的标准化种植和施肥程序，并且开始投资配有自动温度控制功能的现代储存设备，以求更好地保存土豆——土豆种植、储存、物流的供应链发生了连锁反应，整个行业的工业化进步就这样被推动了。

不仅仅是土豆，肉类、配方油、奶酪、食品包装，乃至厨房设备，统统被卷入了麦当劳的“服务业工业化”旋风，美国餐

1　指除水分外的蛋白质、脂肪、淀粉等。

饮服务业整体的工业化水平以几何级数般的速度提高了。

在麦当劳的启发下，肯德基、汉堡王、必胜客、赛百味、沃尔玛超市、家得宝建材、CVS Health药店……美国各行各业的企业集团纷纷推出标准化的服务流程、供应链和经营管理模式，并陆续完成各自的千店、万店进程。

这一波美国服务业的万店品牌大潮有几个显著特征：

其一，工业化提供了技术、管理等方面的可能性，推动了全国大市场的形成；

其二，高度标准化的单店模型，加上特许经营模式，使标准化的经营得以快速规模化；

其三，外溢效应，大品牌扩张倒逼了整个供应链的改造。

在这个过程中，整个美国社会的工业化程度进一步加深：农业生产越来越向大品牌制定的标准靠拢，物流供应链也向标准化、科技化方向发展。

社会的麦当劳化

第一波万店的实现，代表着美国服务业完成了一场工业革命。美国著名社会学家乔治·瑞泽尔将这一过程称为“社会的麦当劳化”。

所谓“麦当劳化”，就是快餐店的基本原则——可计算性、可控性、高效率和可预测性——逐渐支配美国乃至整个世界越来越多的部门、领域或行业的过程。

我们可以逐一分析一下这4条原则。

可计算性：是指将服务过程和结果拆解为量化指标。

比如，沃尔玛对卖场规划、商品陈列都有统一的要求，对货架的宽度、标示牌的位置、商品摆放的高度都有明确规定，因为沃尔玛发现，这些因素都会影响商品的销售。

可控性：是指把服务流程划分为若干工序，确保工作人员按既定流程操作。

比如，肯德基的员工每天早上上岗时都有固定的工作流程——清洁桌面、地面，整理餐厅布置，检查洗手间洗手液、纸巾供应，检查所有设备是否运转正常，甚至垃圾桶里的垃圾达到多少需要倒掉，都有明确规定。

通过量化和控制工作流程，商家可以不断追求更高的效率和更强的可预测性。

高效率：是指尽量减少完成整个生产和服务的过程所需的时间。

比如，麦当劳食品的制备、包装和服务都遵循一套标准化的程序，制作一个巨无霸汉堡，从烘烤面包、烘制牛肉饼到加入配料装入盒子，只需要一分半钟。

可预测性：是指通过遵循重复性和常规化的生产或服务提供过程，持续输出相同或接近的产品或体验。

以连锁酒店为例，你出门旅游时，可能也想体验当地特色民俗，不过心里总会打鼓——会不会被坑？但住过一次万豪或希尔顿，你就大概知道下一次的住宿体验会如何。去到陌生的地方，你可能就会偏好这些连锁品牌。

就这样，通过这场服务业的工业革命，那些原来本地化、分散化的小买卖，逐渐成为全球商业巨头。

截至2005年，从全球连锁服务品牌餐饮业、零售业和酒店业前10名来看，餐饮业TOP 10全部来自美国，酒店业TOP 10美国占8席，零售业美国占比稍弱，仅占4席，其余6家均来自欧洲（见表5-1）。美国服务业品牌在全球的霸主地位，就是服务业高度工业化的成果。

不过，一个有趣的问题是，为什么这一波服务业工业化中的万店品牌大部分出现在美国，而不是同样完成了工业化的西欧诸国呢？

以咖啡为例。之前我去意大利旅游，随手买杯咖啡，舌尖上都是经久不去的微苦的甘香。从一个资深咖啡人士的视角来看，意大利随便一家街角的咖啡店，品质都“吊打”星巴克。但一直以来，几乎没有一个能风行全球的意大利连锁咖啡品牌。

为什么？有人说是文化问题。但我觉得，市场规模才是真正的答案。自古以来，欧洲大陆被诸多城邦国家分封而治，从来没有过一个真正意义上的统一大市场。本地化、分散化既是欧洲商业的特征，也是其商业文化的基因。而工业化的核心竞争

表5-1 2005年全球服务连锁品牌排行榜

排名	餐饮				零售				酒店			
	品牌	国家	成立年份（年）	店面数量（个）	品牌	国家	成立年份（年）	店面数量（个）	品牌	国家	成立年份（年）	店面数量（个）
1	麦当劳	美国	1955	30766	沃尔玛	美国	1962	2285	洲际酒店	英国	1777	3540
2	赛百味	美国	1965	25000	家乐福	法国	1959	12028	胜腾	美国	1995	6396
3	肯德基	美国	1952	13731	乐购	英国	1919	814	万豪国际	美国	1927	2600
4	必胜客	美国	1958	12572	麦德龙	德国	1964	2100+	雅高酒店	法国	1967	3973
5	汉堡王	美国	1954	11129	克罗格	美国	1883	2507	精选国际酒店	美国	1939	4977
6	星巴克	美国	1971	10241	阿霍德	荷兰	1887	3455	希尔顿酒店	美国	1919	2259
7	达美乐	美国	1960	7945	塔吉特	美国	1902	1397	贝斯特韦斯特国际酒店	美国	1946	4114
8	温迪	美国	1969	6673	开市客	美国	1976	471	喜达屋酒店	美国	1980	733
9	塔可贝尔	美国	1962	6090	雷韦	德国	1927	12109	卡尔森国际酒店	美国	1994	890
10	唐恩都乐	美国	1950	6000	施瓦茨	德国	1930	5600	凯悦国际酒店	美国	1957	356

汉堡王、温迪及雷韦的数据截至2006年，施瓦茨截至2004年，其他数据截至2005年。餐饮业排名根据店面数量，零售业排名源自诺达斯等2008年发表的论文“Market Structure in the Distribution Sector and Merchandise Trade”，酒店业排名源自MKG Consulting。详细数据源自各品牌官网、年报，statista及媒体公开信息。

力来自边际成本递减、边际收益上升的规模效应。一个统一大市场，能让工业化的优势发挥到极致。大市场与大工业，是相辅相成的。

无论是在地域幅员上，还是在市场规模上，美国服务业工业化的经验路径，对我们来说都有着重要的借鉴意义。因为今天的中国经济，已经进入了从制造到服务的下半场，也面临着一波数字化背景下的服务业工业化2.0浪潮。

在这波浪潮中，机会和挑战并存。

服务业工业化2.0

2023年是中国茶饮连锁品牌的“万店元年”：

截至10月，蜜雪冰城在全球11个国家的门店已突破3.2万家[1]，成为全球第五大连锁快餐品牌；

6月，瑞幸咖啡厦门中山路店开业，这是瑞幸咖啡的第1万家门店。从0到万店，瑞幸仅仅用了6年；

截至10月，古茗奶茶、沪上阿姨、茶百道门店都超过了7000家[2]，离“万店”的目标仅有一步之遥；

除此之外，甜啦啦、挪瓦咖啡、库迪咖啡等多个茶饮品牌，也都相继推出了自己的“万店计划”。

万店品牌为什么跑那么快

太阳底下没有新鲜事。和当年美国的麦当劳、肯德基一样，这些新崛起的中国万店品牌也根植于大工业大市场，是服务业

1 其中含海外门店3100家。
2 数据源自窄门餐眼。

工业化的产物——比如生产流程和经营模式高度标准化的单店模型；总部强控的特许经营模式，通过密集开店，实现中央厨房集中采购，统一加工配送，使规模效应发挥到极致，然后再推动上下游行业的进一步工业化——一个典型的例子就是蜜雪冰城。由于门店数量多，原材料集中采购量超大，蜜雪冰城已经切入了原材料的产销供应链，建立了产业园、生产车间和仓储物流配送中心。2022年1季度，蜜雪冰城的主营收入中，食材和包装材料销售收入的占比高达87.71%[1]，妥妥是工业化大生产的胜利者。

但另一方面，**太阳每天都是新的**。仔细去看这拨中国万店品牌，其实和之前的美国连锁品牌有很大差异。

我对这件事情的直接体感来自瑞幸和星巴克。作为重度咖啡人群，我多年靠星巴克续命，时间长了，对于一杯星巴克咖啡的生产流程也烂熟于心——

店员早上到店，打开咖啡机，将咖啡豆倒进去，出来就是浓缩咖啡液。咖啡机上有1、2、3的标度，分别代表中杯、大杯和特大杯。要一个中杯热美式？按1，然后加上热水。当然，咖啡豆都是按固定比例配方配的，烘焙用的是自动程控的巨无霸烘焙机，同一批豆烘出来味道几乎一模一样。完全是工业流水线的做法。

1　数据源自蜜雪冰城招股说明书。

瑞幸这两年爆红。之前我对它没太在意，直到2022财年4季度，星巴克在中国的营收下跌19%，同期瑞幸营收增长52%；而且星巴克达到万店规模大概耗费了34年的时间，瑞幸只用了6年——这才引起我的好奇。为此我们团队的江雁博士专门写了一篇文章——《瑞幸卖的不是咖啡，是算法》，大意是说，瑞幸在**数字能力**上显著超过其竞争对手，很多决策都是**数据驱动**的，比如：

· 选址是根据大数据对外卖App进行追踪，然后在外卖消费集中的区域（如商务写字楼）周边开店。

· 设备用物联网管理。店内所有机器设备都接入网络。设备开启后，数据便实时在线。每个门店、每笔交易，都在后台有即时汇总分析。

· 进货决策不靠人力，而是由系统根据门店近期订单判断，自动推送进货量。

· 客户管理直接用企业微信，利用私域做高频服务，等等。

这些表述都很正确，但确实没有让我对什么叫“数字能力”产生清晰的认知。我搜了一下，发现距离我家小区不到100米的地方就有两家瑞幸门店，一家在隔壁写字楼，一家在万柳华联商场，于是决定去探店感受一下。

走进隔壁写字楼角落里的瑞幸。门脸不大，也不起眼。人不多，不用排队。我跟店员说要杯咖啡，被告知只能线上下单——默默感慨了一下如今这个数字时代对老人其实没那么友好之后，我还是乖乖掏出手机打开小程序，选择“到店取”，然后就自动定位到了距离最近的门店。选个网红酱香拿铁，下单，出现一个二维码，店员告诉我，凭二维码取单即可。站着等咖啡的时候，我环顾了一下四周，与星巴克宽敞舒服、适宜看书闲坐的氛围不太一样，这里布置简单干净。几分钟的时间里，好几个外卖小哥取了外卖走了，看得出流水不差。我拿了咖啡，想了想，终究没有像在“咖啡馆”一样，坐下来喝上两口，而是拎着袋子走出了店门——这种感觉很奇怪，似乎我买的不是一杯咖啡。是什么？说不清楚。

回到家，我跟团队小朋友说自己在瑞幸店里等咖啡，被嘲笑是古董——“老师，现在我们都是手机上提前下单，直接到店取了就走。”我讪讪地辩白说，去星巴克还是排队点单的。小朋友们又哄地笑了，说这几年星巴克也在全面数字化，很多年轻人也都是先下单，到店取了就走。不过无可否认的是，瑞幸客群的年龄更低，数字消费习惯也更强。作为上一代“咖啡客”的我，看着手里的酱香拿铁，心里那种奇怪的感觉再次升腾起来，好像它并不是传统意义上的一杯咖啡。究竟是什么？还是说不清楚。

酱香拿铁是瑞幸最近的爆款产品。提到这个词，我突然想起一个问题：星巴克最新的爆款产品是什么？想了半天，是星冰乐，20世纪90年代推出。

瑞幸呢？从2020年到2022年，瑞幸的200多款新品中，起码有近20个爆款，包括2022年4月的椰云拿铁，2022年10月的生奶酪拿铁，2023年3月的碧螺知春拿铁，2023年4月的冰吸生椰拿铁，当然还有9月大火出圈的酱香拿铁，以及10月和《猫和老鼠》联名的马斯卡彭生酪拿铁。[1]

再仔细琢磨一下，这些爆款听起来都有点耳熟：椰云拿铁、冰吸生椰拿铁，像是某个大家族族谱里的“椰”字辈？碧螺知春拿铁、茉莉花香拿铁、杏花乌龙拿铁，像什么“茶系”？

再看看手里的酱香拿铁，我突然明白了那个奇怪的感觉从何而来。就像江雁总结的那句话，**星巴克在卖咖啡，瑞幸在卖算法。**

在瑞幸眼里，不太存在咖啡这个物种，任何产品都是几种要素的组合——包括牛奶、咖啡、果汁、糖浆、茶粉、椰汁、香料，等等。**所谓的“数据驱动研发”，就是根据各种市场信息和门店订单信息，给要素做“最优排列组合”，计算哪些组合可能受欢迎**[2]——至于这是不是咖啡，压根不要紧。

比如，瑞幸通过数据看到，中国消费者对苦的咖啡接受度其实不高，奶咖远比黑咖受欢迎。所以瑞幸产品研发部门将奶

1 数据源自瑞幸咖啡官方微信公众号及官方微博。

2 要注意的是，这样的数据分析，大概可以指引70%—80%的常规研发方向。另外20%—30%的灵感，则来自供应商提供的新原料，以及研发人员的个人创意。

这个要素放在核心位置，按照奶的口感、风味和配比，再加上椰乳、中国茶、果汁、糖浆等元素，研发出了厚乳拿铁、丝绒拿铁、生酪拿铁这些爆款。

等出了爆款后，瑞幸又马上进行数据分析，判断这个爆款的主原料还能跟哪几种要素结合，于是新品就出来了。新品爆了之后，再一次如此循环。所以你会看到一张亲缘关系紧密的瑞幸爆款单子（见图5-1），因为每个爆款，都很可能是前面爆款拆卸、重装、迭代的产物。

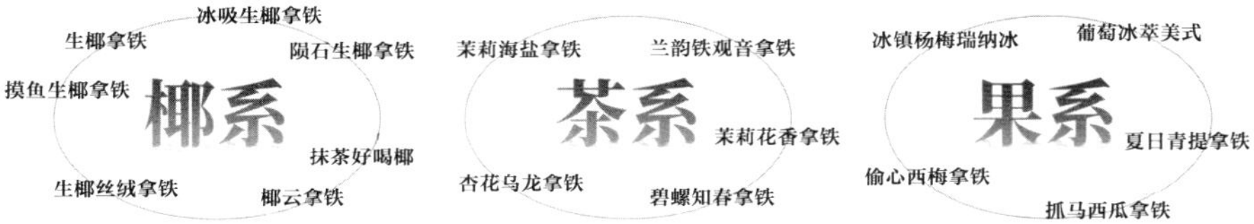

图5-1　瑞幸爆款产品的亲缘关系

一个卖咖啡，一个卖算法，**自然后者的标准化程度更高，规模化速度更快。更重要的是，标准化的颗粒度更细**——不管是与50年前的麦当劳相比，还是与一直在进行数字化转型的星巴克相比，瑞幸这种原生的数字物种，在服务过程的可控性、服务结果的可计算性上都更上一层楼。比如，对于门店来说，爆款推出后，日营业额能上涨50%到100%，而且能持续1周左右。这样一来，我们就更能理解瑞幸的商业逻辑螺旋了。

持续推新品，打爆款，用更低廉的定价持续吸引用户。在门店成本相对固定的情况下，单店销售额持续增长，周转效率提升，运营效率提高，利润上升。据2023年年中数据，瑞幸的资产周转率为0.47，比星巴克大约高50%。尽管瑞幸咖啡的单价更低，但瑞幸自营门店的利润率达到29.1%，比同期的星巴克高出近12个百分点。

瑞幸和星巴克的对比，让我模模糊糊地意识到，这两个连锁品牌，虽然都是服务业工业化的产物，但星巴克的土壤是服务业工业化1.0，而瑞幸的土壤是服务业工业化2.0——这两者的区别，主要就在于社会的数字能力。**这种社会的数字能力，既包括支付、物流、社交媒体等基础设施的数字化程度，也包括消费者和劳动者的数字化程度**。用一个简单的公式表达，就是：

服务业工业化2.0=服务业工业化1.0×数字能力

其中，**数字能力=基础设施数字化程度+消费者/劳动者数字化程度**。

数字能力来自哪里

表5-2是2022年全球餐饮、零售、酒店领域的品牌排名，基本上都分布在中美两国。其中70%是美国品牌，大多有五六十年历史，甚至是百年老店；20%是中国品牌，基本创立

表5-2　2022年全球服务连锁品牌排行榜

排名	餐饮				零售				酒店			
	品牌	国家	成立年份（年）	店面数量（个）	品牌	国家	成立年份（年）	店面数量（个）	品牌	国家	成立年份（年）	店面数量（个）
1	麦当劳	美国	1955	40275	沃尔玛	美国	1962	10500	万豪国际	美国	1927	8082
2	赛百味	美国	1965	37000	家得宝	美国	1978	2322	锦江国际	中国	1991	12359
3	肯德基	美国	1952	26872	开市客	美国	1976	847	希尔顿酒店	美国	1919	7165
4	蜜雪冰城	中国	1997	23295	劳氏	美国	1946	1970	洲际酒店	英国	1777	6164
5	华莱士	中国	2001	20129	CVS	美国	1963	约9000	温德姆酒店	美国	1981	9059
6	达美乐	美国	1960	19800	塔吉特	美国	1902	1948	雅高酒店	法国	1967	5400
7	汉堡王	美国	1954	19789	沃尔格林	美国	1901	约13000	华住酒店	中国	2005	8176
8	必胜客	美国	1958	19034	利德尔	德国	1930	约11000	精选国际酒店	美国	1939	7487
9	星巴克	美国	1971	17381	山姆	美国	1983	约600	首旅如家酒店	中国	2002	5983
10	绝味鸭脖	中国	1999	15076	宜家	瑞典	1943	460	贝斯特韦斯特国际酒店	美国	1946	3923

数据截至2022年年底。餐饮业排名根据店面数量，零售业、酒店业排名根据酒店行业权威媒体美国*HOTELS*杂志2022年“全球酒店集团200强”排行榜。详细数据源自各品牌官网、年报，statista及媒体公开信息。

于2000年前后。

中国连锁品牌用20年走完美国连锁品牌半个世纪的路，密码就在于我们讨论的服务业工业化2.0的数字能力。下面这张图（图5-2），列举的是瑞幸、蜜雪冰城等万店品牌生产经营各个环节中所使用的底层数字工具 。

图5-2　万店品牌的主要数字工具

我们会发现，几乎所有数字工具都源于过去20年中国移动互联网的演化：

· 客流，来自App、微信小程序，以及美团、饿了么等外卖平台。

· 物流冷链的发展，来自生鲜电商的倒逼。京东、拼多多、盒马这些平台，以及顺丰、“四通一达”等物流公司，多年内卷厮杀，培养起了“产地仓直发+冷链干线+末端配送”这样一整条物流产业链。

· 内部协作，使用钉钉、飞书、企业微信等工具，降低了办公协作成本。

· 营销，使用抖音、小红书、微信等社交媒体，以及企业微信这样的私域工具。

我们团队从2017年左右开始持续观察移动互联网和数字平台爆发带来的变化，每年都有一些思考上的进展和调整。

例如，在社区团购如火如荼之时，我们曾提出——“社区团购平台的致命弱点是核心环节‘团长’难以标准化”；2020年，我们判断——“线上城市化建设的高潮结束，下一个创业风口在于做好某个产品，回到根本需求”；2021年，我们预测——“互联网不仅是生产技术，更是社会技术，互联网平台不仅是基础设施，更是社会关系本身，这决定了巨型平台会涉入社会、政治、文化的传统权力领域，与这些领域产生张力和摩擦”。

而2023年，**我们最深的感触是，“数字化”这个词已经从虚转实，逐渐变成了土壤**。在这个土壤上长出来的很多企业，已经具有新物种的特征。对比20世纪八九十年代的美式连锁品牌和这几年的中国连锁品牌，我们会发现它们存在本质的差异。

不管是中国还是美国，餐饮、零售连锁品牌的核心都是标准化和规模化，是服务业工业化的结果。但仔细研究，我们会发现，美国当年的服务业工业化1.0和中国当下服务业工业化2.0讨论的“标准化”并不是一回事。

服务业工业化1.0主要是针对供给端的标准化。比如麦当劳汉堡的构成、薯条的分量等都有明确的量化指标；连锁酒店也有量化的服务标准，比如房间用品应该如何摆放，床单、地板应该整洁到什么程度，等等。这样，供给端便可以流水线作业，实现低成本规模化。

然而，过去20年，**移动互联网的发展促成了消费端的数字化**。所有消费者都或多或少地迁往并居住在线上平台，包括选购、支付、注册会员、服务评价在内的绝大部分消费行为都在线上完成，并形成数据沉淀。数字化的消费端和传统的服务业结合后，就产生了很多新的变化。

持续沉淀的数据让企业得以更好地理解自己的消费者，从而为门店选址、产品研发、运营提效等一系列动作提供洞察，形成了一个供需反馈的闭环。换言之，服务业工业化2.0之上，是供需两端的标准化和规模化——而这意味着整个交易链条的数字化改造，包括店面管理的数字化，线上点单系统的建立，物流、配送、供需的快速精确匹配，以及服务资源的智能化调配，等等。

换句话说，在线上的世界里，社交媒体、电商外卖、移动支付，以及地图导航等，仿佛物理世界中的路桥水电一样，共同构建了一套完整的基础工具——所有新进入者面临的都是同样的公共品：

1. 一个超级庞大的全国（甚至全球）统一市场；
2. 一个管理门店、选址、获客、配送的数字工具箱。

所以我们会看到，过去20年中国的服务连锁品牌之所以能够疾速扩张，除了我们庞大的市场容量外，最关键的就是服务业工业化2.0的数字能力：**企业一旦找到一个可盈利的商业模型，就有机会复制粘贴，以极快的速度完成规模化。**

最近我们看到好几个中国服务连锁品牌海外扩张的消息。

喜茶于2018年11月在新加坡乌节路开出海外首家门店，成为首个布局海外的新茶饮品牌，并自此开始海外的门店发展和新茶饮的国际化之路。至2023年年初，喜茶在新加坡已有5家门店，均分布在新加坡标志性景点及核心商圈。2023年3月9日，喜茶宣布开放日本、新加坡、泰国、越南、马来西亚等东南亚市场的合伙人申请。

喜茶英国伦敦SOHO店于2023年8月开业，单店单日最高销量达2000杯，日均销量超1300杯，单日销售额最高超1.2万英镑（约人民币11万元）。喜茶澳大利亚墨尔本Swanston店开业后，单日最高销量近3000杯，单日销售额最高超3万澳元

（约人民币14万元）。

2023年年初，蜜雪冰城宣布向日本和澳大利亚市场进军，其悉尼首店开业首日就实现了2.4万元的营业额。截至目前，蜜雪冰城在海外的门店数量已经超过3000家。

瑞幸咖啡于2023年3月底和4月分别在新加坡开设了两家门店，其中一家位于新加坡的标志性建筑——国浩大厦。

这时候再看本书第四章第二节的观点，数字化服务业倒逼出了中国供应链的弹性和效率，“未来10年最大的机会之一就是依托中国的生产力和供应链，做全球化的品牌”，以及本章表5-2“2022年全球服务连锁品牌排行榜”，就会有不一样的感受——除了全球化的商品品牌外，全球化的中国服务品牌也可能面临着新的机会。

一个有趣的悖论是，**服务业工业化2.0土壤对所有市场玩家都是开放的，你能用，我也能用，谁用得更好，谁就可能在竞争中占领一时优势。但这个领先优势随时可能被颠覆。**

比如说，瑞幸咖啡从财务造假阴影中走出来后发展速度一骑绝尘，但最近咖啡赛道前所未有地热闹。企查查数据显示，2022年共有31起咖啡相关的融资事件，Seesaw Coffee、花田萃、比星咖啡、熊爪咖啡等一系列品牌都进入了快车道。2023年，库迪咖啡更是盯住瑞幸死磕，全面复制瑞幸模式，打出“瑞幸创始人8.8元请你喝咖啡”的标语，成立一年就开出6000家店，开店速度与瑞幸相比，有过之而无不及。

机遇总是和挑战如影随形。未来几年，火锅、茶饮这些赛道估计会“卷”得更厉害，大规模重复性开店的下一步可能就是大规模的关店潮。如果消费没有增量，那么所有竞争都是排他性的存量竞争。因此，我有时候会想，弄清楚这些火热赛道的底层技术和市场基础，也就是所谓的生长土壤，然后去找新奇的品种，种下去，也许才是更优的增量竞争策略。

从卖商品到卖服务

当然，更重要的是，利用这种数字能力，所有品牌或企业都有进化的可能。

前一阵子我去云南香格里拉，路边有一个卖旅游纪念品的摊位，人声鼎沸，生意络绎不绝。我挺奇怪，现在“某宝”“某多”上，这种手串、毡帽、民族服饰一抓一大把，价格都很便宜，谁会千里迢迢扛回家?

皮肤晒得黝黑的大姐笑着说：“之前赚的是（东西的）差价，现在赚服务费。”她指指摆着各种姿态打卡拍照的游客，说现在店里几乎所有商品都是“道具”，自己卖的主要是“造型拍照服务”。

“之前赚的是差价，现在赚服务费”——这朴朴素素的一句话，就像一堂真实世界里的经济学课，完美诠释了伟大的凯恩斯在100年前的论断：社会经济发展到一定水平之后，消费的有益性会代替有用性。这句话的意思是，随着社会经济的发展，人类消费会越来越呈现出**体验、感受**比**实际物体**更重要的趋势。

其实，2023年的宏观数据里有很多让人迷惑的地方。比如说，上半年CPI相比年初下降了0.5%，但很多人的实际感受却是物价在涨。最近我们团队在微信公众号“香帅的金融江湖”上做调研，问“你觉得什么东西降价厉害”，将近1万人填写了问卷，其中4413人（48.02%）的回答居然都是“都在涨，没有降价的”。

那到底是在涨还是在跌呢？其实是不同的消费种类存在差异：商品消费价格下跌1.4%，但服务消费价格反而上涨了0.8%。[1]最近朋友家房子装修，很明显，瓷砖、卫浴价格没涨，甚至质量更好、更便宜，但全屋通铺瓷砖的设计费、铺贴服务费却上涨了很多。央行的调研数据也显示，和2019年相比，中国居民的购房和大宗商品消费意愿下降了2%—5%，但社交文化、娱乐、医疗保健等服务的消费意愿都在上升。

所以，2023年的“消费降级”其实应该从两个维度来观察。一个维度是钱袋子瘪，预期比较悲观，不敢乱花钱；另一个维度则是中国居民正在从注重实用的商品消费，转向注重体验的服务消费。

消费市场也需要从这两个维度来重新思考。面对经济增长乏力的趋势，如果企业停留在过去“卖商品”的既有思维框架下，就会面临越来越难的存量博弈困局：涨价没顾客，不涨没

1 数据源自国家统计局网站。

利润。所以，想摆脱内卷，企业就需要从“卖商品”进化到“卖服务”。

服务是提供解决方案

仔细想想就会发现，在很多消费场景下，我们想要的不是产品，而是解决方案。比如说，去配眼镜时，我们的目的是看得清楚，眼镜只是这个解决方案的工具。所以，对眼镜店来说，卖服务就应该是提供视健康服务。

宝岛眼镜就在做这件事：从顾客进入宝岛眼镜的门店开始，验光师、配镜师给顾客做视力检查，建立个人眼健康电子档案，然后用企业微信去添加顾客，把电子档案一对一发给顾客。之后，什么时候取眼镜，日常应该注意什么，什么时候要复查视力，近视度数增长是否正常等问题，都会定时提醒、解答。

通过这套服务，2022年暑假，宝岛眼镜的青少年客户到店复查人数同比增长了7倍。同时，青少年复查服务又衍生出了一系列家庭消费——妈妈顺便买一副墨镜，爷爷奶奶配了老视镜，等等。换句话说，“配眼镜”成了宝岛眼镜卖服务的起点，通过围绕商品提供一整套视健康服务，把潜在需求都挖了出来，顺带把复购率、连单率都提上来了。[1]

眼镜行业不是特例。现在几乎所有企业都面临这个命题：留住顾客不能止于推销产品，而是要打造良好的体验，提供一整套解决方案，也就是服务。企业其实都意识到了这个变化，而且在快速行动。比如说，灯泡企业转型做“全屋光环境定制”；瓷砖品牌建立设计师渠道；家居品牌提供全屋定制服务；全屋定制品牌则在往售后服务延展，做家居养护。

现代营销学大师菲利普·科特勒说：“公司只有一种类型，那就是服务型企业。”[2]在这个意义上，当下中国所有卖商品的行业，都值得用服务思维重新做一遍。

但是现在问题来了：卖服务听上去很美，做起来很难。因为**服务大多是非标准化的，依赖的是高度个性化的人力资本**，企业越大，人员管理越困难，服务成本越高。这也是为什么服务业远比制造业更难形成规模效应。

新的可能性

不过，就像上一节我们讨论过的，过去20年，中国培育出了包括移动支付、社交媒体、内部协作软件等各种数字工具在内的土壤，为非标准化的服务提供了标准化、规模化的可能。

---

1 《宝岛眼镜：新私域经营启示录》，载微信公众号“企业微信”2023年5月19日。

2 Philip Kotler, *Marketing Insights from A to Z*, Wiley, 2003.

最简单的场景是，一个导购可能要对应数百个顾客，名字都记不全，更不要说什么“贴身、精细、周到、及时”的服务了。后来有了电话作为工具，之后是短信，再之后是即时通信软件。现在很多企业直接使用企业微信，导购可以一键触达顾客的电子档案，然后在私域里给顾客打上标签，比如身高、体重、年龄、喜好、特征等，然后有针对性地发送信息。这些动作看似很小，实际上是服务质量和服务效率的双重提高：从用户角度来看，是有效的精准服务；从商家角度来看，则是将服务进行了标准化和规模化，从而大大降低了提供服务的成本。

最近在跟很多做服务业的企业家聊天时，大家也说到了这个趋势，共同感受是，只要还留在市场里，服务的“数字工具化”就是必须走的一步。这就像上个时代的马车换汽车一样，你现在不换，到时候马路都改成车道了，驾马车的就会无路可走，被迫退出。相反，抓紧时间换车、学车，车先进而且车技好，就很容易率先开上未来的车道，取得领先优势。

比如，借助数字工具，可以把一次性商品消费转化为长期服务消费。

佛山一家叫“优比熊”的本地母婴店，就用私域干了这件事：他们从卖奶粉，发展到卖育儿顾问服务。从几个人、4家店，到现在100多名员工、20多家连锁店，就连疫情期间都一路稳定增长，实现了千万营收。

这个成绩非常不容易。因为奶粉等母婴用品大多是标准化产品，消费者也往往更信任全国连锁的大商超或电商平台，所以本地母婴小店很难突围。优比熊琢磨，新手妈妈不缺商品货源，缺的是同理心、归属感和倾诉欲的满足，所以解答问题和提供陪伴很重要——这个功能传统店员没法完成，但私域可以。

导购们用企业微信添加了顾客后，不做推销，而是互动，回答宝妈们怀孕、带娃时的各种问题：妈妈怀孕后容易不消化，应该注意什么？宝宝拉肚子，到底适不适合吃益生菌？2岁的宝宝要不要继续补铁？等等。曾经还发生过“宝妈深夜起来发现孩子吐奶，也去找导购询问该做点什么”这样的事情。这时候，每位顾客的“电子标签”就变得非常重要，比如孩子多大、喜欢伊利的奶粉还是飞鹤的、孩子是否是特殊体质，等等。导购必须能快速获取足够信息，才能做到有的放矢的精准服务。这种互动看似脱离了商品销售的范畴，但其实是用精准的服务建立信任。信任一旦建立，本地店的优势就显示出来了——奶粉可以在网上买，但产后恢复、母婴用品试用、体验，都是越近越好。这样一来，一次性的弱关联（交易）就变成了长期的强关联（陪伴）。后续的销售就变得顺理成章，都是服务的副产品。

我是从企业微信那里听到这个案例的，仔细研究之后，又找了不少类似的案例看，很受启发。之前跟不少做线下生意的老板聊，大家都有点迷惘，除了消费不景气外，线下很多业务受线上挤压严重，想转线上，平台流量又贵到“卡脖子”。但是这些案例看下来，我发觉，利用私域，数字工具化，想办法提供长期服务，可能是很多传统线下零售企业可以借鉴的思路。

除了把一次性商品消费转化为长期性服务消费，**数字工具还可以让个性化服务标准化。**

一般来说，个性化服务的特征就是没法标准化，所以也难以规模化，因此很难出现行业巨头。比如“家装定制”：每一家的装修需求都不一样，家具尺寸、风格、选材千差万别，还要分批上门安装，提供售后服务——所以之前这个行业是个体户的天下。

但是在数字工具的帮助下，2022年，索菲亚服务了60多万个家庭，营收100多亿元，利润也大幅上升。[1]其中的关键在于，尽管用户需求没法标准化，但服务流程、管理制度和企业的服务能力都是可以标准化的。

比如通过企业微信做“一客一群”的专属服务，把客户、设计师、安装师傅和售后维修服务人员全拉进一个群里，即时同步信息。比如消费者在线上确认好设计图，尺寸就会自动录入所有工厂设备，全程信息无损耗——相当于用一个标准化模板为每个用户提供了个性化服务。这些都相当于**服务流程的标准化：**只要模板做好，数字化服务1个、100个或1000个客户差别

1　数据源自索菲亚2022年年报。

都不大，成本也不会同比上升。

另外，索菲亚根据几十万客户的打分，设计了一套标准化评价体系。评价体系的数据会反映到售后维修服务人员、安装师傅等一线员工的收入上，这算是**管理制度标准化**。

服务能力也可以标准化。索菲亚把很多行业黑话变成了工具包，比如颗粒板、多层板、爱格板等各种板材的优缺点，美式、新中式等不同设计风格的复杂相关知识——企业微信有“素材库”功能，新人可以随时一键调用，用工具降低学习门槛。

这些看上去都是细碎的小事，但“服务”其实就是无数细节的累积，而细节是最消耗人力、最难以被标准化的。但是，数字工具让商家服务标准化的范畴得以大大拓展，使商家具有了低成本、规模化提供个性化服务的能力，从而也使得商家从卖商品进化到卖服务具有了现实可能性。

相比卖商品，卖服务还有一个优势：随着社会经济水平的进步，人类对衣食住行的需求会渐渐饱和，但对优质服务的需求则是没有上限的。**数字工具使商家标准化程度更高，效率也更高，具有了低成本、规模化提供个性化服务的能力**。而当服务价格降低时，新需求、新市场就会不断涌现。

在这件事情上，我们团队的小A有亲身体会。作为“90后”资深猫奴，国庆节期间，小A小两口带着猫儿猫女回到了山东老家的小县城。估计是因为旅途劳顿，再加上换了陌生环境，

“主子”们双双病倒，上吐下泻。幸好小A的表弟也是猫奴，马上微信联系宠物医院，然后开车带着两个“主子”去开了药。

这家宠物医院是县城里的第一家，老板也是“90后”，之前在上海一家宠物医院干过。聊起为什么回县城开宠物医院，老板说，一个原因肯定是**市场大了**，年轻人不养娃但养猫、养狗、养兔子，甚至养蜥蜴的多了；另一个原因，他觉得是**“线上化”**——之前宠物医院一般只服务周围几个街区，市场太小，固定成本太高，小县城的人流量不足以支撑，但通过线上平台和各种线上工具，从营销、咨询、预约、诊断到后续服务，都可以低成本完成，所以一家宠物医院完全可以覆盖更大的地理范围，这样就有了存活的可能。

对于这个小县城的居民来说，之前宠物病了，得开车去100公里外的青岛，成本高昂。现在随着宠物看病这个服务的价格下降，本地宠物医疗的需求也会上升，甚至出现一个宠物医疗市场。小A查了查，果然，30万人口的县城，已经有6家宠物医院了。

回到北京，她跟我说，那一瞬间，经济学的很多理论突然变得鲜活起来——什么“需求的价格弹性”“交易成本下降，推动市场规模扩大”，都有了具象的场景。她也切切实实地意识到，“数字化”不是虚词，而是真实的需求、供给和市场，是效率的提高、成本的降低，也将是无数“旧时王谢堂前燕”能“飞入寻常百姓家”的未来。

更难啃的骨头：纯人力资本服务

到这里，我们会发现，之前讨论的服务业，不管是卖汉堡、卖咖啡，还是卖眼镜……都是**附着在商品上的服务**。而这些商品大多是工业化生产的结果，所以附着在其之上的服务要标准化、规模化，相对就会比较顺利。但我们生活中更多的服务，比如家政、美容、装修、教育、医疗……都是**纯人力资本的服务**。而迄今为止，这些服务行业大部分仍处在加尔布雷思所说的分散化、本地化状态。

规模不经济

为什么这些行业难以快速形成规模呢？我试着用“高等教育行业”这个相对极端和复杂的例子解释一下。

一个教授的服务没有标准化版本，除了课时、课程大纲、上课、答疑、出卷子、评分这些最基本的要求外，其服务质量很难量化评价——即使存在某些评价标准，可靠程度也很低。

举个例子。“出勤率高”很可能是因为教授爱讲段子，大伙儿乐呵；“学生评分低”则可能是因为教授出的考题太难。就算用同一本教材，不同教授可能讲得完全不同，当然不同学生得到的也完全不同，而“是否有启发”这种东西就没法衡量了。至于“学生是否成才”，一来需要的验证时间太长，二来和教授的服务存在多大关系没法测量，也不可能确定因果关系。换句话说，这个服务产品的质量是没有标准、不可量化的。所以对其进行数量化的成本和收益分析，效果很值得商榷。

一般来说，**对人力资本依赖度越高的行业，就越难标准化**。我们团队在得到App课程《香帅中国财富报告（2020—2021）》第19讲中，就用这个逻辑判断过，社区团购平台、家教O2O（线上到线下）平台这些模式都面临着很大问题：

> 数字化平台的价值就是标准化。数字化平台成败的关键就在于能否把供需双方标准化。
>
> 你看，什么样的行业容易形成数字化平台？越是标准化的商品或服务，越容易进行数字化转型。像亚马逊、京东、当当这样的电商平台，很多都是从卖书籍、电子产品这些标准化程度很高的商品起步。相比商品，服务更加非标准化，所以服务业在数字化过程中，供需的标准化就显得更重要。不同类别的服务，标准化难度也不一样。
>
> 比如说，出行的标准化相对是比较简单的——司机载乘客出行的过程可以标准化为起点、终点、路线、起止时间等几个简单

变量。像滴滴这样的打车平台，可以用一个标准化模板，管理每天的几千万订单。每一个新司机、乘客加入平台时，都不会增加平台的管理成本，反而会提高平台的收益。这就促使平台规模不断扩大。

所以流程简单、不确定性低、信息不对称程度低的服务更容易平台化。现在打车、外卖、快递这些领域已经涌现出了滴滴、美团、顺丰等市值千亿的巨头。

再看一个反面例子。这是我们团队在几年前就不看好的一个赛道——家教O2O平台。

怎么评价教师资质？怎样监管教师的服务质量？更重要的是，家教O2O平台的盈利很困难。想要盈利，就必须向家教抽取业绩提成。但如果提成过高，又会导致优质教师出走，而且消费者还可以绕开平台，与优秀教师达成长期合作，这就形成了逆向选择。没有优质教师，家教O2O平台就失去了存在的意义。所以，2014—2015年，100多家家教O2O平台，两三年之后几乎团灭。要么倒闭，要么转型K12在线教育。为什么K12在线教育可以？因为K12教学内容已经被高度统一的教材、高考大纲所标准化。

换句话说，在信息不对称程度高、高度依赖个体能力的服务行业，平台将核心资产（服务者能力）标准化的难度更高。医疗、教育是其中的典型。

总结一下，我们可以将各类服务按照标准化的难易程度从低到高做以下排序（见图5-3）：

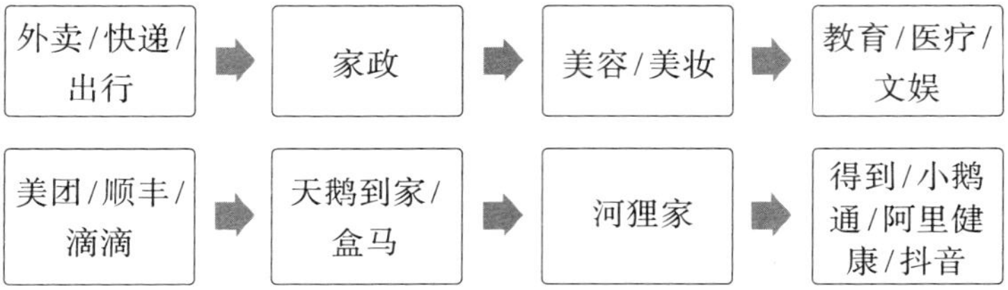

图5-3　各类服务标准化的难易程度

你可以看到，数字平台成功的难易程度，与服务的可标准化程度有很强的关联性。对于容易标准化的服务，平台在供需链条中处于支配地位，已经涌现出数家千亿市值的数字化平台巨头；而对于难以标准化的服务流程，消费者对平台的黏性较低，对服务供给方有更高的黏性。所以我们会看到，在教育、医疗这些万亿规模的市场里，数字化平台模式的发展仍然长路漫漫，线下机构仍然是中流砥柱。

整体而言，我们可以看到：

纯人力资本服务领域的消费需求天然是个性化的，不会满足于流水线服务。比如家政，顾客的家庭情况和需求都不同，有人有洁癖，有人对饭菜要求高，有人对个人隐私格外看重。

纯人力资本服务行业的产品供给是看不见摸不着的，产品质量或者说服务结果比较难验证——美容效果怎么样？学生能力提高多少？这些都是主观评价，很难形成量化指标。

纯人力资本服务行业是人力资源公司，要对高度异质性的人力资本进行管理运营。比如说，家政公司的核心资产是保姆、月嫂、育儿嫂、保洁等家政人员，你怎么验证人员信息？如何监管阿姨上户[1]的过程？如何获取消费者反馈？这都是天然难题。

综合下来，这些纯人力资本服务行业的商业模式，可以简化成一个公式：

服务结果难量化＋个性化需求＋异质性供给＝难以标准化

所以，家政、装修、美容公司一旦扩大规模，人员管理难度将呈指数级上升，反而导致规模不经济，即生产规模扩大导致单位产品成本提高的现象。因此，即使服务业工业化已经有大半个世纪了，这些行业仍主要以本地小团队为主，依赖于本地熟人网络和亲友推荐。

从2012年开始，中国逐渐从以制造业为主导进入以服务业为主导的社会。截至2022年，服务业总产值63.87万亿元，占GPD总额的52.8%，吸纳了全国47.15%的就业人口。[2]其中家政、美容都是万亿级的市场，医疗服务市场更是超过4万亿元。[3]

1 在月嫂行业里，把进入雇主家正式上班称为“上户”，结束离开称为“下户”。

2 数据源自国家统计局网站。

3 数据源自艾媒咨询发布的《2022—2023年中国家政服务行业发展剖析及行业投资机遇分析报告》，美业颜究院联合美博会、数美链共同发布的《2023美容行业报告》，普华永道发布的《2013至2021年上半年中国大健康产业并购活动回顾与展望》。

而这些万亿级市场的很多领域，实际上都还处于小本经营的“农业时代”。

但从另一方面看，有差距才有机会。谁能推进这些领域的标准化和规模化，谁就能收获巨大的红利。而随着数字能力对整个社会的渗透，这些行业也出现了标准化、规模化发展的机会。

数字能力与行业标准化

我有一个博士生，年初当了妈妈。夫妻两个都是从外地考到北京来的，没什么熟人网络。她做好了“可能被坑”的心理准备，尝试在家政平台上找月嫂，结果发现整个过程还算顺利、愉快——提前半年订了一位来自山西的月嫂，做饭、育儿、护理水平都不错，42天之后准备下户时，她又续签了1个月。

因为团队一直在研究数字平台标准化的可行性，我俩特地讨论了这几年家政行业的变化。从她的体感出发，她觉得，**现在的家政平台做的并不仅仅是供需匹配，还包括以数字能力提升行业的标准化程度**。

就以“找月嫂”这件事为例，之前通过本地小团队找月嫂，雇主没办法验证家政人员的工作经历、工作年限和体检报告的真实性。上户期间，家政人员的工作过程无人监管，即使表现恶劣被辞退，她也可以换个家庭继续工作——换句话说，由于**分散化和本地化，这种服务缺乏一个统一大市场。没有市场化，**

就没有相应的市场机制完成优胜劣汰的筛选。所以这类行业的所有交易都面临更高的摩擦成本，包括信息不对称、道德风险、逆向选择、高昂中介费、冗长的沟通时间，等等。

而在家政平台上找月嫂，不太一样的地方有两个。

其一，信息透明度大幅提高。平台提供了一个线上的月嫂简历库，通过身份证读取年龄、性别，从第三方体检报告读取身高、体重、健康状况等信息。而且月嫂之前在该平台的工作经历、收到的消费者评价，全都可以在库里查询。

其二，月嫂的服务流程被标准化成了多个线上环节：

微信面试——App内签电子合同——App内上户确认（验证本人和简历信息一致，精准确认上户时间和地点）——App内操作月嫂请假、更换、工资发放等事宜——实时动态监督管理（上传月子餐照片、工作时间表和范围确认等）——事后反馈（客户打分评价，平台根据评价给月嫂打标签，如“做饭好吃”“擅长面食”“爱干净”“喜欢孩子”等，再推荐给更匹配的客户）。

这些工作看上去似乎没什么稀奇，之前稍微有点规模的线下家政公司也会将工作流程拆解。但是，二者的标准化程度和成本其实是不同的。人力资源管理是一项重运营的工作，非常耗费人力。我们会发现，数字化/线上化让每个环节的标准化程度都提高了一些，所以相应的人力成本也降低了，这就让规模化服务有了可能性。

规模化服务这个前提成立后，这个商业模式才能往下走：

突破时间和地理的限制，形成相对的统一大市场，在供需匹配、监督管理标准化、供需之间反馈闭环的基础上，逐渐形成市场机制，实现规模化。

除了家政平台外，装修装饰行业也是散乱差的“天坑”。但最近看企业财报的时候，我意外地发现，贝壳2023年前三季度的营业收入同比大涨了31%，净利润也转负为正。再仔细看，原来是贝壳推出了自己的装修平台“被窝”。这个新业务板块为贝壳贡献了很大一部分增速，2023年前三季度，贝壳的家居装修板块营收达到了2022年全年的143%。[1]

我开始觉得奇怪，后来一琢磨，有点开窍了。

一方面，作为最大的房屋中介平台，贝壳把持着最大的房屋交易流量入口；另一方面，在做房地产中介的过程中，贝壳已经积累了数字能力。比如，在卖房子时，他们给所有房源都做了3D 建模。在他们的App上，消费者可以一键给房子换皮，看到多种设计风格的装修效果，比如简欧、现代、巴洛克……而且每个标准化方案都可以做到明码标价、一键报价——装修预算细化到什么程度呢？一位朋友的卫生间墙体做防水拆除，2平方米，20多块钱，都算进来了。

还有施工落地环节，这是传统家装最大的痛点。几乎所有

1 数据源自贝壳2023年第三季度财报。

家装公司都不养装修工人，而是跟工长合作。工人都是听工长的，干完一单结一单的费用，然后换个地方再干。因此，所有家装公司的难题都是如何管理装修工人，再牛的老板也管理不了上万散兵游勇。而贝壳推出了一套监控系统，让业主、管家和设计师能够实时看到装修现场，把现场施工管理的问题解决了。

被窝成立刚刚3年，还只是聚焦于北京市场，到2023年3月已经服务了5万个家庭，这个扩张速度远远超过了绝大部分同行企业。它这种标准化、规模化的能力，同样主要来自平台的数字能力。

经过20多年互联网到移动互联网的渗透，经过最近10多年中国消费互联网的发展、数字平台激烈的博弈竞争，中国整个社会的数字能力已经达到了“浸润”人力资本的水平。借助大量数字平台和数字工具，纯人力资本服务行业的几个难点，比如服务结果难量化、消费需求个性化、服务者供给异质化，都得到了一定的解决，也使得这些行业的标准化和规模化向前迈进了一步。未来在这个方向上的更多进展和突破，可能是新市场、新需求的机会。

当然，目前为止，纯人力资本服务行业的标准化还只能说出现了曙光，绝大部分问题并没有得到解决。

比如说，家政平台仍然没有彻底解决员工身份和体检报告作假的问题，家政员的专业水平很难评估，职业道德无法事前观察……所以，家政平台仍然严重依赖经纪人团队来做家政员和消费者的中间人，要想进一步扩张困难重重。直到2023年，家政平台几个龙头企业的总营收仍只占整个家政市场的1%。

同样，装修装饰行业太过复杂，充斥着与人有关的各种风险，也很难完全标准化。网上随便搜一下“被窝家装”，你会发现，好评和差评共存，口碑分化的现象十分严重。贝壳家装板块2022年虽然营收达到7亿元，但放在3万亿元的整体家装市场规模下，也仅仅占比0.02%[1]——这也说明，这些平台还远远没有产生真正的规模效应。

我的一个猜测是，这种高度非标的纯人力资本服务业，不太可能复制之前的万店品牌，或外卖、出行这种标准化服务的模式，形成大规模垄断的企业。但鉴于行业的标准化程度如此之低，如果在数字工具上下功夫，很多本地企业倒是有可能因为标准化程度提高而形成竞争优势。除此之外，这些行业痼疾甚多，数字能力有可能提供一些新的疗法，而在这个过程中也会涌现无数商业机会。

毕竟，因为路漫漫其修远兮，所以才有上下而求索的机会。

---

1 据贝壳财报及互联网公开数据测算。

第六章

数字新物种：不一样的烟火

答案正在风中飘

2023年11月中旬，全球年度“权力的游戏”拉开序幕：

· 美西时间11月17日，OpenAI官网发布新闻稿，山姆·奥特曼将辞去CEO职位并离开公司，由首席技术官米拉·穆拉蒂担任临时CEO，立即生效。

· 11月18日，全世界震惊中，各种消息满天飞。OpenAI数百名员工写信要求恢复奥特曼的职位，否则就会辞职。包括微软在内的大量投资人也向OpenAI董事会施压。剧情扑朔迷离。

· 11月19日下午1点03分，奥特曼在X上发布了一张自己佩戴OpenAI访客徽章的照片。“出师未捷身先死，长使英雄泪满襟”的悲情拉满。很快，OpenAI董事会决定重新和奥特曼谈判。故事似乎峰回路转。结果不到11个小时，剧情反转。

· 11月19日午夜11点53分，微软CEO纳德拉发帖宣布，山姆·奥特曼将带领团队加入微软。一个小时后，奥特曼转发并表示确认。

· 11月20日下午1点，美股收盘，微软市值飙升560亿美元。

“21世纪什么最贵？人才！”全世界感叹，原来微软是最大赢家。结果35小时不到，剧情再次反转。

· 11月21日晚上10点，OpenAI宣布，山姆·奥特曼将重返公司担任CEO，组建新董事会。奥特曼随后在X上发文称：“我期待着重返OpenAI，并巩固我们与微软的牢固合作伙伴关系。”作为助攻，OpenAI联合创始人格雷格·布罗克曼也热情洋溢地在X上发文称：“今天取得了惊人进展。我们将回归，且比过去更强大、更团结。”

截至我写下这段文字的这一刻，美西时间2023年11月22日6时20分，子弹还在飞。

全世界都在紧张地关注着山姆·奥特曼花落谁家。因为他领导着OpenAI——全世界人工智能研发的风向标。

2023年3月15日，OpenAI发布GPT-4——这一刻被英伟达创始人黄仁勋称为“AI的iPhone时刻”。仔细想想，距离2007年1月9日乔布斯发布苹果手机，也不过16年时间。但人类的生活状态、科技发展，甚至认知进化，似乎都已经进入了一个加速期，越来越趋近凯文·凯利[1]预测的“奇点”。

奇点是一个假设性的未来时点——在那个时点上，技术增长将变得无法控制和不可逆转，从而给人类文明带来无法预测的

---

1 《连线》杂志创始主编，作家、摄影家、环保主义者，亚洲文化、数字文化领域学者。著有畅销书《失控》《科技想要什么》《必然》等。

变化。现在大家最关注的就是智能爆炸，人工智能超越人类智能的临界点。而这个临界点，对于我们智人这个物种来说非常微妙：未来是协同进化，还是被征服，或者被摧毁？这很可能取决于今天我们在研发路径上的方向。而林间有两条路——

马斯克说："除非我们建立防火墙，否则人工智能可能会取代人类，让我们这个物种变成蝼蚁草芥，甚至走向灭绝。"[1]

图灵奖得主、Meta首席人工智能科学家杨立昆说："人工智能始终都是由人类开发出来为人类服务的工具，使用人工智能的目的是放大和增强人类的智能。"[2]

人类可能面临着有"文明"这个概念以来最大的一次选择。据说，OpenAI这次"宫斗"，就与山姆·奥特曼和OpenAI的首席科学家伊尔亚·苏茨克维之间的理念分歧有很大关系。所以很多人认为，这个37岁的德裔犹太男人往何处去，关系着人类命运将往何处去的宏大命题。当然，即使往小了、近了说，山姆·奥特曼和OpenAI的一举一动，都关系着人工智能这个行业的资源分配、研发方向，以及应用开发速度，所以关系着万亿级别的财富创造和分配，以及数亿人口的职业生涯选择。

山姆·奥特曼去哪里？人工智能去哪里？更重要的是，我们又能去哪里？答案都还在风中飘。

要得到这些答案，我们可能首先要从几个概念开始。

---

1 ［美］沃尔特·艾萨克森：《埃隆·马斯克传》，孙思远、刘家琦译，中信出版集团2023年版。

2 ［法］杨立昆：《科学之路》，李皓、马跃译，中信出版集团2021年版。

3种社会形态

从生产力的角度划分，过去1万年的人类文明其实只经历了3种形态：从1万年前到19世纪的农业社会；从18世纪60年代到21世纪的工业社会；以及从20世纪90年代开始，至今还在演进中的**数字社会**。

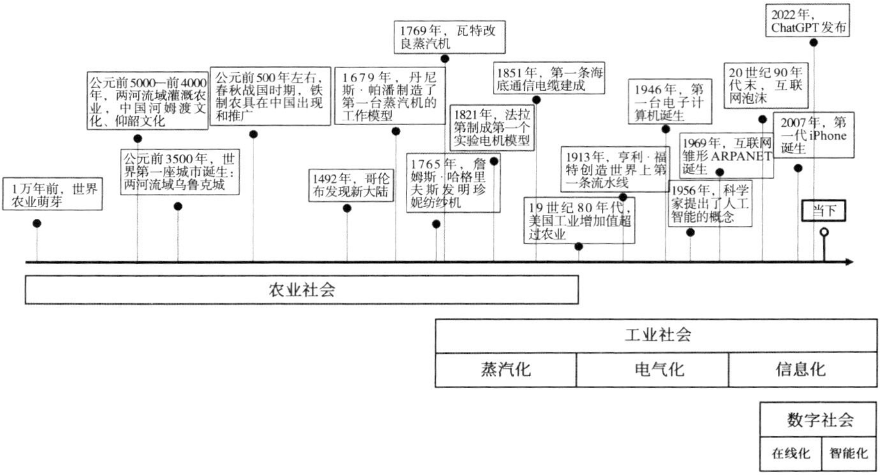

图6-1　3种社会形态

从图6-1中，我们可以看出：

1.每种形态有不同的阶段，比如工业社会可以分为蒸汽化阶段（18世纪60年代—19世纪中期）、电气化阶段（19世纪70年代—20世纪初）和信息化阶段（20世纪四五十年代至今），而数字社会暂时处于从在线化到智能化的阶段。

2. 每种形态和每个阶段都不是非此即彼，而是彼此渗透演进的，中间会有相当长的重叠期。所以你会发现，今天我们处于工业社会的信息化阶段，但也处于数字社会的智能化阶段的前期。

为什么2023年GPT-4横空出世，会让人工智能引起这样广泛的关注？因为它意味着一种新技术的成熟。一旦这个技术得以大规模应用落地，那么随之而来的将是社会生产力的巨大提高，人类文明形态也将正式从工业社会转入数字社会，同时完成数字化社会从在线化到智能化的阶段转换——**无论对于阶段还是形态来说，这都是一个重大转折的临界点。**

数字社会的ACD框架

看上去真是一个让人向往又恐惧的未来。而这个“未来”其实已来。

先设想一个我们每天都可能遇见的场景。

早上8点，**语音助手**呼叫你起床。你边洗漱边问，“小爱同学，去北京大学的路堵吗？”知道了路上有点堵车，怕开会迟到，你赶紧叫车出门。来的是一辆新能源车，配着**智能驾驶**辅助系统。到了路口，前面的车猛的一个急刹车，好在车自动减速刹停，没撞上。司机师傅说，“幸好，我刚才没反应过来，是AEB（自动紧急制动系统）**自动触发**了。”车上无聊，你打开抖音刷视频，都是平时喜欢的类型，明显是人工智能**算法**在根据你的偏好做**推送**。到了学校门口，车进门，要**刷脸识别认证**……

语音助手、智能辅助驾驶、算法推荐、人脸识别，短短1个小时内，你已经主动使用了最少四五次人工智能技术。但其实远不止这些，路上的红绿灯、网约车平台调配车辆、在线地图搜索，背后都是人工智能技术……

是不是很有点润物细无声的感觉？

明白了社会形态变迁这个大背景后，在回答“人工智能对我们来说意味着什么”这种微观问题时，我会用一个ACD框架帮助自己进行理解：

A代表人工智能（Artificial Intelligence）；

C代表云计算（Cloud Computing）[1]；

D代表大数据（Big Data）。

---

1 一种通过互联网提供计算资源和IT服务的技术，允许用户远程访问和使用存储在数据中心的软件和硬件。它基于“按需付费”的模式，使企业无须购买和维护自己的IT基础设施，而是根据实际使用量支付费用。这种服务模式具有高度的灵活性、可伸缩性和成本效益。

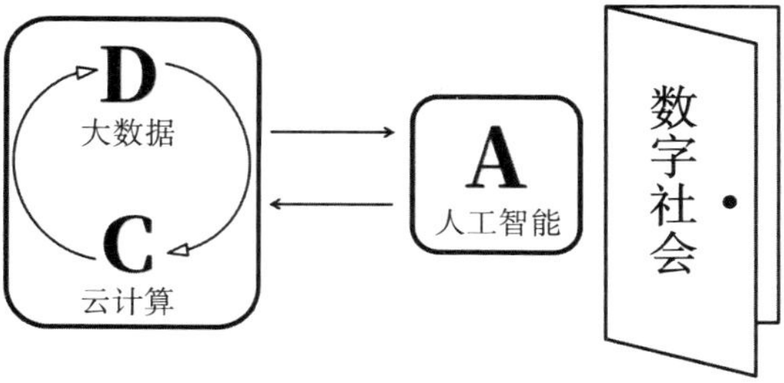

图6-2　ACD框架

从图6-2中，我们会看到——

人工智能不是天外来客，它的发展是一个循序渐进的过程，而在这个过程中，每个环节的进步和突破都会深刻地影响和改变我们的生活、消费和生产。

到底什么是人工智能？简单地说，就是像人一样的智力和能力。这个能力是如何运行的？以海量数据（信息）为养料，用算法对人类的活动进行学习、模拟，迭代演进，然后进行包括消费、生产在内的各种决策。

问题来了——早在1956年，科学家就提出了人工智能的概念，为什么直到最近10年，它才站上风口？原因很简单，“巧妇难为无米之炊”。作为算法，人工智能在等算料和算力的突破。算料，就是大数据D；算力，就是云计算C。

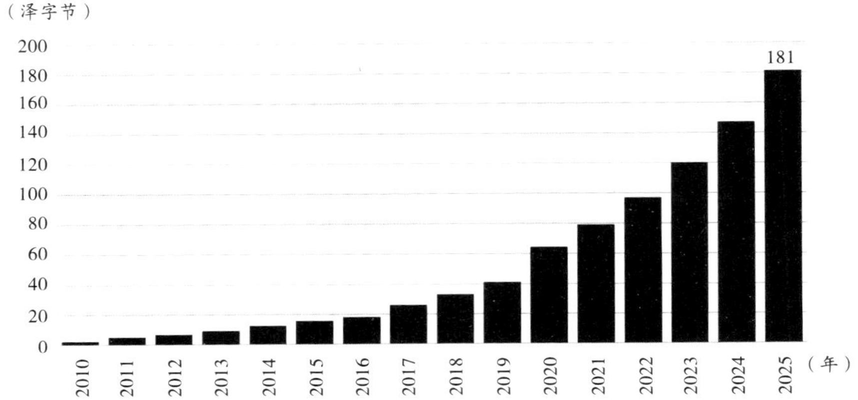

数据来源：statista。其中2021—2025年为估计数据。

图6-3　2010—2025年全球数据/信息量

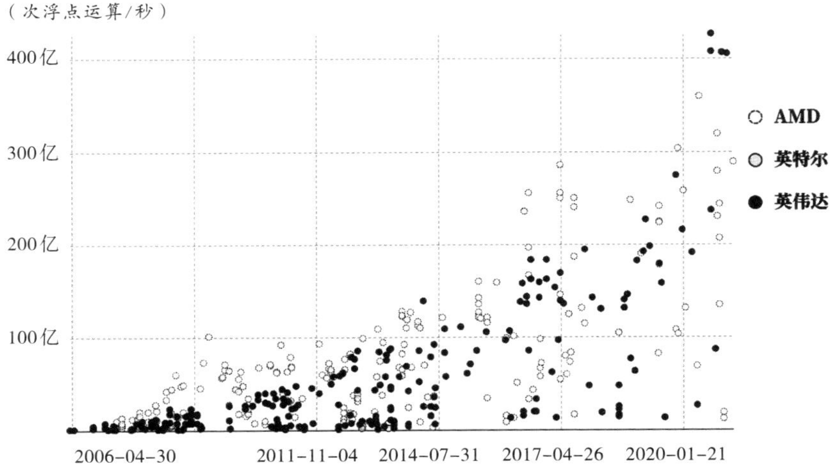

数据来源：Our World in Data。

图6-4　2006—2021年每美元的GPU计算性能发展情况

上面两张图（见图6-3、图6-4），分别是2010—2025年全球数据/信息量的增长及预计增长情况，以及不同品牌GPU（图形处理器）[1]的单位美元计算性能情况，两项指标都呈现出指数级增长。

换句话说，**从2007年开始，算料和算力出现了螺旋式的上升**。这个过程也就是我们熟悉的“大数据时代”和“云计算时代”。

大数据D和云计算C

为什么是2007年？因为2007年1月苹果手机面世，紧接着，2007年11月Android系统推出，智能手机成为人类社会最大的“数据采集站”。随着智能手机的普及，人类行为很快完成在线化，可以随时随地被记录，并沉淀为数据。因此，**人类社会拥有的数据量突然爆炸式增长**：2007年，全球生产的数据量是0.29泽字节[2]；2012年，这个数字达到6.5泽字节；而在2023年，这个数字预计将会变成120泽字节[3]——后两者分别是2007年的22倍和414倍。[4]

1　人工智能系统的主要计算硬件。
2　ZB，指十万亿亿字节。
3　数据源自statista，Martin Hilbert，Priscila López，The World's Technological Capacity to Store, Communicate, and Compute Information, *Science* 332(2011).
4　2007年，算力最高的GPU性能为每美元19.1亿次浮点运算/秒；2012年，这个数字达到98.4亿；而在2023年，这个数字预计将会变成591.8亿——后两者分别是2007年的5.2倍和31倍。

大数据时代，**算料越来越多，算力已经跟不上需求**，就像衰老的身体已经完全跟不上灵魂，所以云计算出现了。

关于云计算，互联网史上有两个老掉牙的故事。

先是亚马逊创始人贝佐斯意识到，电商业务产生的海量数据需要更先进的数据存储和数据处理技术，他开始顶着巨大压力投入这件与核心业务看上去毫无关系的事。[1]他在2006年推出了AWS（Amazon Web Services）——全球第一家云计算公司，专门为第三方提供数据存储和处理服务。

2008年之后，淘宝交易额快速增长，算力已经成了约束——每天晚上的高峰期8点到9点半之间，服务器的CPU（中央处理器）使用率都会飙升到98%。但是，要对IOE[2]系统进行升级，又耗时又贵。而按照淘宝发展速度，10年后光这个成本就可以拖垮阿里巴巴。所以当时的首席架构师王坚说服了马云，开始搞自己的云计算系统，也就是阿里云。

今天，AWS是全球第一的云计算公司，2022年全球市场占有率32%，营收801亿美元，利润228亿美元，服务了全球245个国家的上百万家企业。[3]阿里云则是国内市场占有率第一的云

---

1 2005年，当杰夫·贝佐斯向亚马逊董事会建议投资发展云服务业务时，董事会成员、著名投资人约翰·杜尔表示质疑。他认为当时亚马逊招聘工程师存在困难，而且需要加速进行国际扩张，所以开展技术业务没有资源优势。对此，贝佐斯回应称，亚马逊同样需要这项服务来满足更广泛的市场需求。最终，贝佐斯的决策被证明是正确的。

2 指IBM小型机、Oracle数据库及EMC存储设备。

3 数据源自亚马逊2022年年报。

计算公司。[1] 2023云栖大会上，阿里巴巴董事会主席蔡崇信说，国内80%的科技企业和一半的大语言模型[2]公司都跑在阿里云上——这句话意味着一旦阿里云宕机，就跟电力公司拉闸一样，很多企业就会无法运转，生活服务也可能陷入瘫痪状态。2023年“双十一”的第二天阿里云出问题，多米诺骨牌效应很快出现——淘宝上不去就罢了，钉钉打不了卡，有的超市结不了账，停车场抬不了杆，共享单车、自助洗衣机打不开，电瓶车充不了电……为什么？因为做这些App、自助洗衣机、充电桩的互联网服务企业都跑在阿里云上。

云计算C和大数据D形成了螺旋式的上升：数据量越来越大，对算力的需求变得越来越多。反过来，更高效廉价的算力服务出现后，更多企业可以通过云提供新的产品和服务，然后制造更多数据 。

人工智能A

算料多了，算力强了，自然就对算法有了需求。

人工智能A的应用开始登上舞台。

2014年前后，第一波AI创业潮启动，中国市场上AI“四小

---

1 《IDC：2022年全球云计算市场 阿里云排名前三》，https://new.qq.com/rain/a/20230707A04G0X00#，2023年11月20日访问。

2 在主流媒体上，大语言模型也被称为大模型、AI大模型、AIGC大模型。ChatGPT及百度发布的文心一言等都被视为大语言模型的一种。

龙”[1]所做的图像识别、人脸识别等，还有短视频算法推荐、智能驾驶、语音识别、辅助诊断等，被统称为**决策式AI**。

而在2023年这波以大语言模型为标志的AI热潮中，人脸/声替换、文本/代码生成、图像生成、视频生成、AI数字人、聊天机器人、虚拟助理等，都属于**生成式AI**（AIGC）。

决策式AI就是根据海量大数据做分析，自动做出最优的决策。比如，平台推给你的内容、服装、机票，都是按照你在网上留下的痕迹（数据）来的，AI根据这些数据来决策该把什么推荐给你。还有，我们上传一个视频，AI算法会根据画面判断内容是否违规，是否要提交给审核员二次审核——判断是根据大量数据和给定原则做出的。这些都是“数据驱动决策”。

生成式AI则是通过学习和理解大量的数据和信息，去生成新的内容。举个例子。你可以要求Midjourney“生成一张莫奈风格的画”。Midjourney的工作机制，就是学习大量真实图片的细节和特征，然后去模仿，根据你的提示组合各种绘画元素，生成新的图像。这非常类似我们人类学习的过程——吸收信息，进行模仿。同样，你可以要求ChatGPT“生成一个探险游戏脚本”，或者“写一份研究报告”，等等。

发现了吗？决策式AI的功能主要在于**效率提高**，AI算法可以提高平台审核视频的效率，提高用户和内容的匹配度。但生

1　商汤科技、旷视科技、依图科技、云从科技。

成式AI不一样，它们开始产生**新的供给**——新的图文、视频、游戏，甚至程序、小说等。

2023年10月13日，曾鸣老师在杭州的“看十年”大课上，谈到了这个问题：

> （这次）**AI本质上是解决供给不足的问题**。过去5年，大家做数字化转型，做在线，做产业互联网，为什么做得那么辛苦？**本质原因是这些行业的本质问题不是信息不对称，而是供给不足**。比如所有做互联网医院、做医疗服务转型的，你解决所有的问题价值都非常有限，因为你解决不了最核心的问题，看病、治疗，那个瓶颈总是在那里，就那么一些好医生，怎么做信息匹配都没用，**所以这是AI时代带来的全新机会，我们真正去创造新的供给，海量供给会创造新的需求**。[1]

这段话真是一针见血，直切本质。

过去这些年，不少老派的官员或者经济学家对互联网企业颇有微词，认为它们“虚”，“抢了实体经济的饭碗”……虽然观点偏颇，但可以理解的地方在于，互联网革命确实不像老一代心中的工业革命一样，肉眼可见“让生产力提高”，比如，一天生产的冰箱多了，物质极大丰裕了……

1　曾鸣：《看十年：智能商业大爆发》，载微信公众号“曾鸣书院”2023年10月18日。

年轻的你别笑，这种认知并不奇怪。即使在美国，也有不少经济学家认为互联网时代并没有带来生产力的提高。

美国著名经济学家、诺贝尔奖得主罗伯特·索洛提出过一个“索洛悖论”，认为这些年全社会虽然在IT方面投入了大量的资源，但从生产率上看却收效甚微。西北大学的罗伯特·戈登教授也发现，1970年到2014年，美国劳动生产率年均增长1.62%，而此前半个世纪年均增长2.82%，数字革命时代的劳动生产率比工业革命时代低了1.2%。所以戈登认为，这些年科技创新的意义小于第二次工业革命中电气化、汽车和无线通信技术的意义，因为它们没有带来有形的、实质性的生产和生活改善。在他的著作《美国增长的起落》中，戈登说：“我们不吃计算机也不穿它们，也不开着去上班或者用来剪头发。我们仍然生活在像20世纪50年代那样摆着家电的住宅里，仍然驾驶着与20世纪50年代具有相同功能的汽车，尽管更便利、更安全。”[1]

在某种意义上，戈登教授这段话有一定道理——过去几十年消费互联网积淀的数字能力，核心在于降低交易成本、高效匹配供需关系，但没有解决服务上，尤其是高人力资本服务上优质供给不足的问题。比如说，在线教育可以让优秀教师的课程走向更多听众，但好老师就是稀缺的；互联网医疗可以让小县城的患者足不出户问诊北上广的优秀医生，但优秀医生就这么

---

1 ［美］罗伯特·戈登：《美国增长的起落》，张林山、刘现伟等译，银温泉校，中信出版集团2018年版。

多；平台可以精准推荐视频给你，但像《红楼梦》这样的供给是可遇不可求的……

在上一章最后一节，我们谈到，纯人力资本服务业面临的最大瓶颈，就是因为依赖难以标准化的高人力资本，所以生产力不足，优质供给不足。而这波以ChatGPT为代表的生成式AI浪潮，最具有想象力的地方就是——它们可以极其高效地学习大量知识，吸收信息，快速成为某个领域的专家，以人类的水平，甚至超过人类的水平生产新内容：

· 设计行业，可以利用AIGC快速完成产品设计。比如说，Midjourney用户中有30%—40%是专业设计师，包括 Nike、Adidas、New Balance 等公司的设计师。他们用它来激发灵感、快速出草图。

· 新闻媒体行业，可以利用AIGC自动生成新闻报道、摘要和评论。比如，美国数字媒体巨头BuzzFeed宣布，将用ChatGPT写稿子，并根据用户偏好生成个性化的文本内容。

· 广告和营销行业，可以利用AIGC自动生成广告文案和创意。比如，可口可乐和OpenAI联合制作的广告*Masterpiece*（《杰作》）在YouTube上获得了超过174万次的浏览。

当然，到目前为止，AIGC能完成的工作还比较有限，质量也不尽如人意——有人说，2023年的AIGC大体上就是小学生到中学生的水平，还不足以实现高质量供给。但是千万别忘了，人工智能和人类学习模式完全不同。

人类的学习模式是清零式的。婴儿出生的时候犹如白纸，一切知识技能都是从零开始，每代如是循环。所以人类知识的深度和广度累积很慢。

而AI的学习模式是复利式的，每一代AI都是上一代的迭代，所以AI的成长是指数级增长的。有人预测，10年内，AIGC在很多领域都可能远超人类平均水平。所以，在快速增长的算料和算力的加持之下，AIGC很可能批量提供优质服务。而批量，则意味着这些服务的价格将快速下降，与当年工业品批量生产后“飞入寻常百姓家”一样，也进入普通人的生活。

举个例子。语言学习领域，个性化需求非常旺盛，但由于师资短缺，个性化语言学习价格昂贵。培训学校的一对一雅思培训，基础分5分的学生，如果目标分为7分，预计72课时起，费用在37000元以上。

根据OpenAI的报告，GPT-4在大规模、多任务语言理解的基准测试中表现优异，准确率可达85.5%。现在有一款语言学习App就把AI聊天机器人内嵌进来，陪用户练习外语，指出用户的发音问题、语法问题，并给予纠正，目前在全球都非常火爆。

虽然基于AIGC的个性化语言学习系统目前开发成本还很高，也不是那么优质，但随着用户规模的上升、海量数据的汇集，系统训练的边际成本将快速下降。只要有市场需求，研发力量跟上，在不是太远的将来，这类个性化语言辅导学习的单户收费就会快速下降——你未见得会拥有一个俞敏洪、董宇辉，但很可能拥有一个远超平均水平的“AI辅导老师”。平常人家都将有机会拥有一位廉价外语家教。

这样的案例会发生在很多领域。这意味着，我们和富豪之间的生活质量差异可能大幅缩小——AI也许无法替代人类最顶尖的教师、律师、医生，但有希望为我们每一个人提供可负担的80分服务。

工业社会其实就是生活质量上的平权：一样样曾经是奢侈象征的事物，都在大规模工业生产的洪流中，成了寻常人家的普通用品。**在AI让“服务”也得以大规模生产之后，也许，数字社会将带来另一次生活上的平权。**

财富的数额或许会拉大差距，但生活可能不会。

大数据D的出现刺激了云计算C的发展，然后在这两者的基础上，人工智能A出现了。从决策式AI到生成式AI，我们隐约看见了生产力再次跃进的可能性。虽然未来还未知，但总得往前去探索，因为——

我要跳出这洪流/却见你的背影消失在河流，

你可看见那源头/向着那未知的时代去远行。[1]

1　后海大鲨鱼《浪潮》。

新生态演进

2023年6月26日，一场火药味十足的大佬朋友圈“互怼”流传开来。

3个月前，金沙江创投董事总经理朱啸虎在一篇文章里表示，“ChatGPT对创业公司很不友好，未来两三年内请放弃融资幻想。”[1]

猎豹移动董事长傅盛在微信朋友圈转发了这篇文章，加上了激烈的评论：“硅谷一半的创业企业都围绕ChatGPT开始了，我们的投资人还能这么无知者无畏。”

然后，两位创投界大佬围绕**“ChatGPT的创业公司究竟有没有价值”**开始在评论区针锋相对。

朱啸虎说：“99%的价值是GPT创造的，这样的创业公司有什么价值？”

傅盛则拿中小网站举例，把ChatGPT类比为搜索引擎，在

1 《朱啸虎：ChatGPT对创业公司不友好，未来两三年内请放弃融资幻想》，https://baijiahao.baidu.com/s?id=1761125619842699613&wfr=spider&for=pc，2023年11月10日访问。

里面做一个网页也是有价值的。他强调，大语言模型不能简单解决问题，这就是价值机会，“大模型更像大学，培养出千千万万毕业生，但是大学不会统治一切，更不会让创业没有价值”。[1]

朱啸虎在讲“大”的创业机会在消失——大语言模型是巨头的游戏，模型、算力、数据三大支柱都是大厂商占优，小的创业公司没有机会。而且，如果所谓创业只是在大语言模型外面包了一层东西，没有自己的核心价值，那么随着大语言模型的技术迭代，创业者可能很快被取代。

傅盛则在讲“小”的创业机会仍然存在。他也承认“BAT的创业梦的确没机会”，但是即便只瞄准某个细分场景做成了一门小生意，也有其存在的价值。比如，在大语言模型上搭建各种应用，其价值在于解决某个需求场景的具体问题。

从风投创投的角度，也许朱啸虎是对的。目前的AI行业，用我的话说，叫作“极度确定的未来，极度不确定的结果”。意思是，智能社会肯定是未来的发展方向，但到底哪个企业能跑出来，非常不清晰。就算是现在看上去遥遥领先的OpenAI，能否成为其中一个玩家，都讲不清楚。ChatGPT很强悍，但也可能随时被全面超越。何况中国这些大语言模型，就没有什么技术上过硬的、能打的。所以现在砸钱下去，可能只是拉高了企业估值，但加快不了AI的商业化落地进度，更没办法判断谁是

1　内容源自网上流传的微信朋友圈截图。

中国版OpenAI。以前互联网蒙眼狂奔的时代，创业者和投资者就像在你侬我侬地热恋，创业者用PPT畅想未来，投资者一掷千金，携手奔向花团锦簇的未来。现在，恋爱上头快，下头更快，一开始吹起估值泡沫，后面浪潮退了，一二级市场估值倒挂，上市破发频繁，甚至干脆破产清算。投资者一朝被蛇咬，十年怕井绳，越来越谨慎。

但是从行业生态的角度来看，傅盛是对的。

早在2023年3月，黄仁勋在演讲时公开表示，“我们正处于AI的iPhone时刻”。所谓iPhone时刻，就是说人与AI的交互方式发生了革命性变化，普通人应用和开发AI工具的门槛大大降低，一个生态系统正在形成。

之前有人开玩笑说：世界上有两种酒，茅台和非茅台；世界上有两种手机，苹果手机和非苹果手机——前者和后者不是一种估值体系。非茅台是消费品，茅台是金融品；非苹果手机是移动终端设备，苹果手机是生态系统。

苹果的生态以开放的iOS系统为核心，吸引App开发者来开发出更丰富的应用程序，各种社交媒体、电商、外卖、打车平台百花齐放，然后吸引了更多用户，形成一个良性循环的有机体。就像森林中的大树、灌木、花草、虫鸟、豺狼……互为食物，互为补充，也互为天敌，然后各自进化，最后找到自己的位置，构成一个生机勃勃的有机体。

从20世纪90年代人类社会进入数字社会开始，以万维网为代表的PC（电脑）互联网，以iPhone为标志的移动互联网，这两次大的技术冲击，都带来了新生态系统的诞生。而生态，就意味着新物种进化的机会。此外，技术是有加速度的，以ChatGPT为代表的这场人工智能技术冲击才刚开始，我们已经隐约看到了一个新的生态系统在萌芽。

土壤，松树和鸟儿

李白写，“君为女萝草，妾作菟丝花……百丈托远松，缠绵成一家。”[1]

很是缠绵悱恻吧？可是原谅我，没有看到爱情，而是看到了在这次AIGC技术的冲击下，我们可能遇见的商业场景。

菟丝、女萝紧密缠绕，寄生于松树。松树吸收土壤养分，进行光合作用，成为小“生态”，支持着依附于自己的女萝、菟丝、苔藓和虫鸟，共同生长，滋养反哺自己脚下的土壤——**大语言模型和之前的云计算、大数据一起构成了土壤；基于这些技术的垂直领域应用或使用这些数字工具的企业将构成一棵棵的松树；在自己领域发挥创造力的劳动者则是林梢的鸟儿**，它们相互支持和制衡，构成了一个能自我循环、修复和演化的生态系统（见图6-5）。

1 ［唐］李白《古意》。

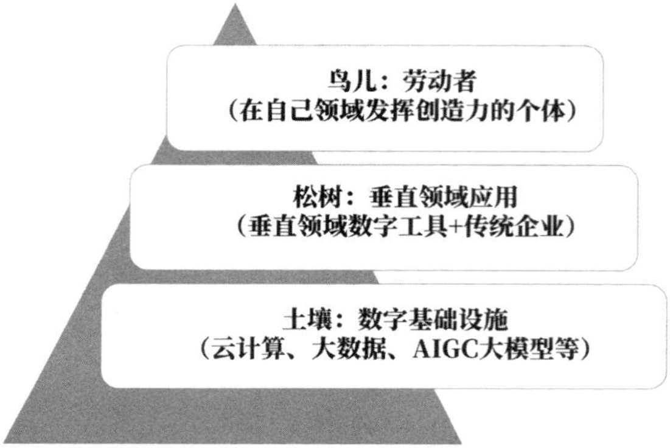

图6-5　数字生态系统

巨头游戏

在过去30年的数字生态系统里，数字平台充当了土壤的角色，为企业提供基础的技术能力。比如微软Windows系统、苹果iOS系统、谷歌Android系统，都是软件开发者和用户的土壤；亚马逊、阿里巴巴、腾讯这些消费互联网巨头在处理海量消费者数据过程中磨砺出的大数据、人工智能、云计算等技术能力，给很多电商、科技公司，乃至传统制造业企业提供了服务。

土壤有3个特性。

通用性：就像万物受到大地的滋养一样，任何企业都可以利用云计算、人工智能、区块链这些基础技术能力，借助其养分更快地生长。

进入门槛高：大厂们动辄百亿量级的投入，直接提高了竞争对手的进入门槛。

规模效应：建立了技术优势之后，通用性技术平台服务新客户的边际成本递减。

这3个特性决定了，“土壤培育”只可能是巨头游戏。

很明显，这次的大语言模型也是一样。大语言模型具有很高的通用性和规模效应：可以用于写作、编程、设计等多个领域。同时，大语言模型每增加一个用户，边际成本递减；而用户数据量增加，还可能带来大语言模型能力的提升。所以，一定是强者愈强，最终少数寡头占领市场。

更何况，大语言模型的进入门槛高到惊人，单单这一条就足以阻吓小型创业公司。

大语言模型训练的“烧钱”程度真的超出想象。以GPT-4为例，要达到训练所需的算力，使用在云端的A100GPU，单次训练的成本将达到约6300万美元，另外这种GPU每枚价值1万美元，需要2.5万枚，就是2.5亿美元 ；现在正在训练的GPT-5，需要5万枚H100GPU，价值接近20亿美元——这还只是开局的基础配置。

ChatGPT在2个月内创纪录地吸引了1亿用户，成为人类历史上用户增长速度最快的软件，而且还在持续迭代。但模型迭代越快，对算力的消耗也越多。所以，OpenAI也是一个烧钱的无底洞。2022年，OpenAI的亏损大约翻了一番，达到5.4亿美元。之前他们持续烧钱，主要是靠微软的支持。2023年1月中旬，微软就对OpenAI投资100亿美元，占股比例达到49%。但这还不够，奥特曼本人曾私下表示，OpenAI可能要在未来几年尝试筹集1000亿美元资金，才能支持更多的AGI（通用人工智能）开发。

但对小公司来说，这种巨无霸崛起就是降维打击。ChatGPT发布之后，其他 AI 初创公司的竞争压力陡然上升。美国两家初创公司——智能语音公司Deepgram和AI文案公司Jasper先后宣布裁员和削减收入预期，智能绘画公司Stock AI则宣布关闭所有业务。

相比GPT-4等国际顶尖的大语言模型，国内大语言模型虽起步较晚但发展迅速。国内互联网大厂和不少AI企业打起了“百模大战”。2023年3月，OpenAI正式推出GPT-4的第二天，百度开启文心一言邀请测试。随后，阿里巴巴、腾讯、华为纷纷推出自家大模型。据不完全统计，国内已发布的各类大语言模型数量超过100个（见表6-1）。**可以想见，未来国内的大语言模型也会经历一轮血腥厮杀，直至留下两三个巨头。**

表6-1　国内外最新大语言模型

	时间	事件
国外	2023年3月	OpenAI正式推出多模态大型语言模型GPT-4
	2023年5月	谷歌在2023年度开发者大会上，宣布推出其下一代大型语言模型PaLM 2
	2023年7月	Meta和微软合作推出Llama 2系列，模型信息和起始代码全部开源，并支持免费商用
	2023年7月	据彭博社报道，苹果公司已经建立了一个名为Ajax的大语言模型框架
国内	2023年3月	百度发布文心一言，6月已经迭代到3.5版本，10月发布了4.0版本，11月上线专业版
	2023年4月	阿里云发布通义千问，10月更新到2.0版本
	2023年5月	科大讯飞发布星火认知大模型，6月更新到1.5版本，8月更新至2.0版本，10月更新到3.0版本
	2023年7月	华为发布盘古大模型3.0
	2023年9月	腾讯发布混元大模型

但对曾经的“AI四小龙”来说，这是春风还是凛冬呢？真的不好说。对于更多的做通用AI的创业公司来说，现实的情况是，可能“小”就是原罪。我不禁想起了古人那句话，彼之熊掌，我之砒霜。人世间的事情，道理总是相通的。

一棵树的机会

百度创始人李彦宏曾说："**大模型时代，最大的创业机会在应用**。移动互联网时代，操作系统其实没几个，最成功的是微信、抖音、淘宝这些应用。未来10年，可能诞生10倍价值于它们的机会。"[1]

我不喜欢百度，但很喜欢李彦宏这段话。

在下一场数字生态的进化中，大语言模型是土壤。任何一片土地都需要有千万棵松树参天立地，才能让女萝、菟丝托付，才能吸引虫鸟，"缠绵成一家"。所以生态要形成，必须有大量垂直领域的应用开发涌入。

很明显，2023年，ChatGPT 这片林子是生命力最旺盛的。

2023年3月23日，ChatGPT 发布了11个外部开发插件（Expedia、FiscalNote、Instacart、KAYAK、Klarna、Milo、OpenTable、Shopify、Slack、Speak、Wolfram、Zapier），以及两个自有插件（web browser、code interpreter）。这意味着，开发者可以给ChatGPT打补丁，开发新功能。当地时间11月6日，OpenAI在旧金山举办了首届ChatGPT开发者大会（DevDay），进一步提出了定制GPT工具（GPTs）的概念。也就是说，用户可以基于ChatGPT创建自己的AI应用。

---

1 2023年3月李彦宏接受36氪采访时的回应。

这掀起了中英文极客社区的一轮狂欢，大家认为这是OpenAI的“App Store（苹果应用商店）时刻”。

推出App Store正是苹果生态开始涌现的时间节点。2008年7月11日，装载了App Store的iPhone 3G发行。两年后，App Store上有了超过20万款应用程序。几乎今天我们熟悉的一切“生活场景工具”——社交应用脸书、推特（也就是现在的Meta、X），听歌识曲的Shazam，相机滤镜应用Hipstamatic，虚拟宠物游戏“会说话的汤姆猫”……都出现在这个时期。也正是这些应用，将手机变成了人类的“器官”。有时候想想真的恍若隔世——不过15年时间，我们的社交、消费、日常生活都已迥异。

2023年，凯文·凯利出了本新书——《5000天后的世界》[1]。他认为，从1991年互联网出现到2006年普及，经过了大概5000天，也就是15年；然后从2007年社交媒体出现到2022年普及，又过去了大概5000天，也是15年；所以接下来的5000天，人工智能会有不断的迭代和普及，又一次改变世界的方方面面。

更重要的是，**大语言模型，其实让开发应用的纯技术门槛进一步降低了**。

在PC时代，你必须掌握C++语言才能编程开发网页；到了苹果和谷歌“执掌圣杯”的移动互联网时代，Java、Ruby等语言变成了应用开发者的必备技能；而在大语言模型时代，你只

1 ［美］凯文·凯利：《5000天后的世界》，潘小多译，中信出版集团2023年版。

需要使用“自然语言”，也就是汉语、英语，等等。

是的，理论上，能讲话，就可以开发应用。但凡有一个创意，你就可以通过跟AI对话，让AI帮你实现自己想要的结果。然后你再以此为基础进行调优，持续地改进功能——这就是AI时代应用开发的基本流程。当然，怎么和AI对话，目前是一门技术，对话需要是有逻辑性、建设性和可操作性的——但想一想，平时我们工作中布置任务，似乎也是类似的要求。

从2023年3月23日OpenAI发布ChatGPT插件系统，宣布支持第三方插件接入开始，ChatGPT的插件应用爆发式涌现。截至2023年11月15日，ChatGPT的插件数量已经增长到1043个（见图6-6、图6-7）。

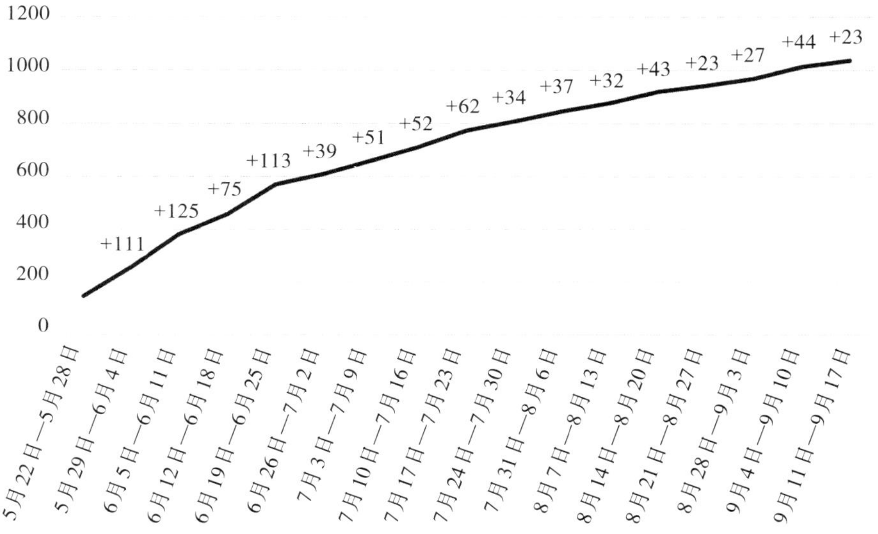

图6-6　2023年5月—9月每周推出的ChatGPT插件数量

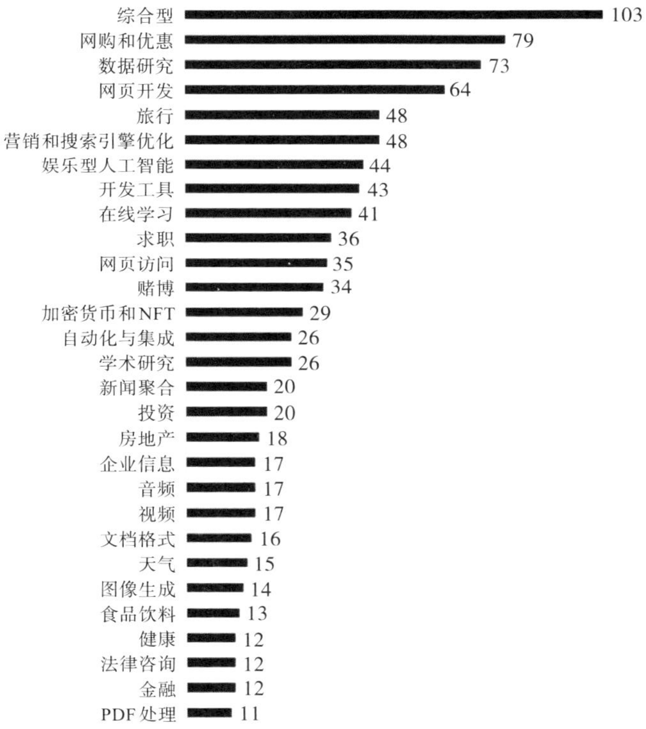

图6-7　2023年8月各类ChatGPT插件数量

而且，ChatGPT生态更新迭代的速度令人瞠目结舌。在截稿之前，我们原本兴奋于ChatGPT插件的蓬勃发展，但很快，ChatGPT插件又成了明日黄花。

11月6日，OpenAI推出GPTs之后，极客们的热情快速从ChatGPT插件转移到GPTs——ChatGPT插件还是给ChatGPT打补丁，而GPTs则是基于ChatGPT开发自己的App，发挥空间大得多。在半个月时间之内，GPTs迅速增长到2万个。

和2008年App Store推出时一样，GPTs开始提供之前我们没有想过的“服务”。

你有没有羡慕过大佬们酷炫的个人网站？现在打开名为Grimoire的GPT，跟它说“生成一个漂亮的个人网站”，它就可以一步步列出生成网站的步骤和代码，中途你可以修改或者确认，并要求它继续写代码，最终它就能帮你生成网站。

此外，还有GPT帮你设计logo（标识），有GPT帮你解读财务报表，有GPT帮你生成小游戏，有GPT教人学外语……“**这是AI时代带来的全新机会，我们真正去创造新的供给，海量供给会创造新的需求。**”现在，我们明白曾鸣老师这句话的意思了吧？

不过，一切才刚刚开始。

截至目前，绝大部分GPTs还是“轻量级”，更多地是满足单一场景的简单需求，没有什么护城河可言。还记得当年火爆过的“会说话的汤姆猫”吗？它是一次有趣的尝试，但未必是可持续的伟大事业。iPhone上火起来的第一批应用，除了Meta、Instagram这些巨头，其实还有潘多拉电台、劲乐团、音乐雷达、重力滚球……如今大多数已经销声匿迹。但反过来想，正是一代代创业者的前仆后继，才成就了移动互联网生态的繁荣。所以，今天的GPTs也可能都会死掉，甚至ChatGPT也未必真的会成为未来AI生态的操作系统，但这一定是一个起点。

深入产业内部的成熟应用，我们还需要等待更长时间。原因有几个。

数据原因：2023年，有位美国律师因为使用ChatGPT被停职了。为什么呢？因为这位律师让ChatGPT帮他找几个用来“佐证”的案例，但这些案例从头到尾都是ChatGPT编造的。为什么ChatGPT会编造呢？因为法律领域有特定的数据库，ChatGPT没办法访问、获取。所以，没有经过法律数据库训练的ChatGPT就开始编造案例。因此，为了确保模型生成的稳健性，一个“法律GPT”需要用专业领域的数据库来训练，并约束其输出结果。最近北大几个学生就做了这件事。他们基于大量的判例文书原始文本和法律法规、地方政策，构建了法律知识库，并且在算法中加入约束条件，确保模型生成正确的法律法规和案例，尽可能减少胡说八道的现象。他们的产品已经开始内测，目前还在初级阶段，但已经有了法律文书写作、法律建议、法律援助推荐的功能。

技术原因：知衣科技创始人郑泽宇告诉我，传统的AI，比如图像识别、以图修图、以文字修图、进行各种各样的数据分析，已经是相对比较成熟的技术；但AIGC目前的产出效率还比较低，画100张图，大概只有3张“可看”（可以推荐给设计师参考），“可用”（可以走上生产线）的则不到1%。

成本问题：一位做铝型材的企业CIO告诉我，虽然ChatGPT

风很大，但要吹到制造业，还需要等一段时间。现在，行业数字化进程方兴未艾，对于AI技术，企业也非常关注——虽然高端的技术应用还不错，但它的成本比较高，可能比人工成本高很多倍，那就暂时不会用。他说："一旦技术成本降低到有一定优势的时候，我相信很多企业都会去用。"

虽然现在垂直领域的应用只是初露峥嵘，但可以想见，它们终将改变各行各业的面貌。写到这里，我想起这一节开头提到的大佬互怼的八卦。其实这个故事还有后续。嘴仗之后，实际上当晚朱啸虎又特意发了条朋友圈解释，说金沙江创投是国内投资垂直AIGC创业项目最多的早期投资人，自己不是否定大模型领域的创业机会，而是希望提醒创业者不要迷信通用大模型。他强调了自己的核心观点：**不要迷信通用大模型，对于大多数创业者来说，场景优先，数据为王。**

所以我们有时间，也来得及。平静的河水已经泛起波澜。未来漫长的季节里，我们将见证远处的潮水排山倒海般涌来。

打个响指吧，他说/我们打个共鸣的响指/遥远的事物将被震碎/面前的人们此时尚不知情。[1]

1 网剧《漫长的季节》中主人公王阳写的诗《漫长的》。实际作者为作家班宇。

AI的附庸还是主人

面对ChatGPT的爆火，最焦虑的可能是高级打工人。因为他们向来引以为傲的“安全堡垒”一夜间都消失了。

2023年2月，几乎所有券商研究员都在读一篇研报，财通证券的《提高外在美，增强内在自信——医疗美容革命》。这篇6000多字的研报的特别之处在于，它是由ChatGPT写成的。当然，因为ChatGPT对于英文的处理能力高于中文，所以研报是先用英文生成，然后翻译成中文。从建报告框架到生成文字并翻译，共花费约1小时，财通证券的分析师刘洋又花了2小时做后期修改，总共3小时。而正常来讲，这样一份研报的写作，大概需要两三天。

我特意搜到这篇研报读了一下。对医美外行来讲，还是有信息量的，写作逻辑也还通顺。虽然没有让我眼前一亮的内容，但说实话，也不比市场上大部分研报差。

我有学生在券商当证券分析师，日常工作也就是收集数据资料、撰写分析报告、给基金等买方做路演、开策略会。前几个月，他开玩笑说，感觉自己很快就要失业了。为什么？因为尝试用过ChatGPT后，他发现——

你给ChatGPT一个选题和主要观点，它能很快搜资料，给框架，写份中规中矩的分析报告；把外出调研的记录扔给ChatGPT，它一两分钟内就能提炼出核心内容，绘制一份思维导图；给ChatGPT一篇100页的外文研究报告，它能很快整理出报告思路和观点。

所以，他总结说，“一个ChatGPT就算不能替代分析师，也至少能顶好几个985硕士毕业的实习生。”

那份AI医美报告的“辅助作者”刘洋也对媒体说，他发现，ChatGPT能提供一些新的表达方式和措施，还有一些过往卖方研报没有提过的说法和视角——琢磨一下，这不奇怪，人脑CPU怎么能和机器的CPU比？现在信息这么过载，CPU容量带来的效率差异更明显。所以你看，现在的人工智能，已经脱离了低级趣味，不是只能干简单的搜索资料、录入数据的工作，还能干高级白领的活儿，完成需要一定创意的工作。

之前我们反复讲过，**人工智能在很大程度上可以替代人类“可编码”的脑力劳动**。如果你的工作很容易被计算机算法编码，即工作内容程序化、有明确任务目标、有海量数据储备，那么你就很可能遭受人工智能的降维打击。2022年，我们曾经发布了一个“中国职业技能发展数据库”，里面列出了400多个工作岗位被AI取代的风险系数，然后做出总结，有3种技能难以被AI替代：**创意，社交智慧，手艺**。这几种技能有一个共同点——很难标准化，也就是我们说的“不可编码”。

2023年，**ChatGPT这样的生成式人工智能让“可编码”的范畴被大大拓宽了**。比如，写作、编程，曾经都被认为是门槛很高、很难被编码的创意技能，但现在，它们的门槛都被ChatGPT踏平了。2023年3月，OpenAI发布论文[1]，计算了各种技能与GPT冲击的相关性，指出编程、阅读理解和写作这几种技能是最容易受到GPT冲击的。

也就是说，如果某个职业的主要技能是编程、阅读、写作，那么它受GPT冲击的概率会大幅上升；**相反，如果某个职业的主要技能是科学思维、批判性思考，那么它受GPT冲击的概率反而会下降**（见图6-8）。

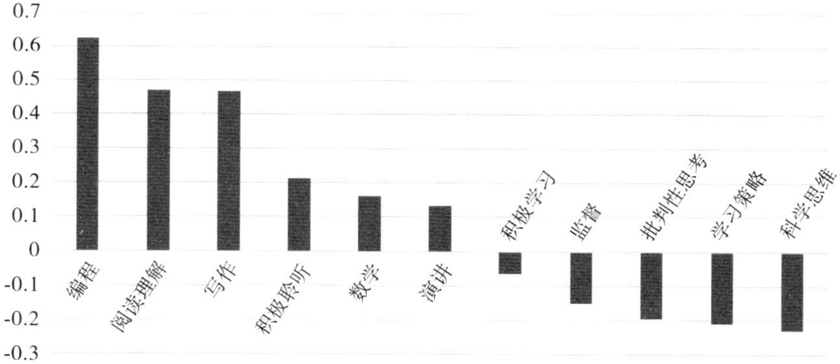

数据来源：OpenAI。

图6-8　各项主要技能与GPT冲击的相关性

1　Tyna Eloundou, Sam Manning, Pamela Mishkin & Daniel Rock, GPTs are GPTs: An Early Look at the Labor Market Impact Potential of Large Language Models, https://doi.org/10.48550/arXiv.2303.10130, retrieved Nov. 20, 2023.

写作，一直被视为最具人文属性的人类专属领域。就像福楼拜说的："写作的生活就像是狗过的生活，但却是生命中唯一值得过的生活。"

不好意思，这唯一值得过的生活也在失去色彩。

2023年10月，小说《机忆之地》获得了江苏省青年科普科幻作品大赛二等奖。很快，清华大学新闻学院的官网公布了这篇小说的写作过程——100%的内容都是AI写的，从笔名、标题、正文到配图——学院的沈阳老师用3个小时与AI对话66轮，得到了小说内容。

但6名评委中，只有一人看出这是AI创作的。

美国南佛罗里达大学最近有一项研究[1]也表明，AI生成的文字内容，可能已经无法与人类写的区分开来了。研究者邀请了72位来自世界顶级语言学期刊的专家，让他们审查各种研究摘要。结果发现，有62%的概率，专家会被AI蒙骗。具体来说，每位专家都要检查4份摘要，能将4份全部正确识别出作者是人还是AI的，一个都没有。甚至有13%的专家一个都没猜对。

1 J. Elliott Casal, Matt Kessler, Can Linguists Distinguish Between ChatGPT/AI and Human Writing?: A Study of Research Ethics and Academic Publishing, *Research Methods in Applied Linguistics*, 3 (2023).

类似的消息还有很多。

比如，ChatGPT成功通过年薪18万美元的谷歌内部初级程序员面试；一个不会编程的人，可以利用ChatGPT生成自己的个人网页；AI的绘画作品获得了人类艺术比赛大奖；AI发现超级抗生素；AI数字人当主播，已经可以以假乱真，而且运营成本已经降至百元层级……

可以预见的是，新技术冲击下，已经没有绝对意义上的职业安全堡垒。

2023年3月，我看到的一项研究[1]进一步印证了这个事实。美国普林斯顿大学的费尔顿教授及其合作者，将大语言模型的技能点与人类工作所需的技能一一对应，来研究ChatGPT这样的大语言模型到底对哪些职业造成的冲击最大：某职业所需技能与大语言模型技能点的相关度越高，则该职业受冲击程度越大。

猜猜哪些职业受冲击最大（见表6-2）？

1　Felten, E., Raj, M. & Seamans, R., How will Language Modelers like ChatGPT Affect Occupations and Industries?, https://ssrn.com/abstract=4375268, retrieved Nov. 20, 2023.

表6-2 费尔顿研究中受大语言模型冲击最大的典型职业/行业

	前20个职业	前20个行业
1	电话销售员	法律服务
2	英语语言文学教师（高等教育）	证券、商品合约和其他金融投资及相关活动
3	外语语言文学教师（高等教育）	代理机构、经纪人和其他保险相关服务
4	历史教师（高等教育）	保险和员工福利基金
5	法律教师（高等教育）	非存款信贷中介
6	哲学和宗教教师（高等教育）	艺术家、运动员、艺人和其他公众人物的经纪人
7	社会学教师（高等教育）	保险承销商
8	政治学教师（高等教育）	其他投资池和基金
9	刑事司法和执法教师（高等教育）	会计、报税准备、簿记和支付处理
10	社会学家	商业支持服务
11	社会工作教师（高等教育）	软件出版商
12	心理学教师（高等教育）	非金融无形资产的出租者（除版权作品外）
13	传播学教师（高等教育）	商学院、计算机和管理培训
14	政治学家	信贷中介和相关活动

续表

	前20个职业	前20个行业
15	地区、民族和文化研究教师（高等教育）	资助和捐赠服务
16	仲裁员、调解员、和解员	旅行安排和预订服务
17	法官、治安法官	社区学院
18	地理学教师（高等教育）	计算机系统设计及相关服务
19	图书馆科学教师（高等教育）	管理、科学和技术咨询服务
20	临床、咨询和学校心理学家	其他信息服务

受大语言模型冲击最大的前10%的职业，很多是传统意义上的创意型职业，包括大学教师、心理健康咨询师、记者、律师等——要知道，就在2017年牛津大学教授弗瑞和奥斯本的研究[1]中，这些都曾被认为是AI替代概率很低的职业（见表6-3），但现在也都陷入了危险之中。

1 Carl Benedikt Frey, Michael Osborne, The Future of Employment: How Susceptible are Jobs to Computerisation?, https://www.oxfordmartin.ox.ac.uk/downloads/academic/The_Future_of_Employment.pdf, retrieved Nov. 21, 2023.

表6-3 弗瑞和奥斯本研究中典型职业的人工智能替代概率

职业	职业类型	人工智能替代概率
电话销售员	重复性白领职业	0.99
采购文员	重复性白领职业	0.98
信贷审查员	重复性白领职业	0.97
保险经纪人	重复性白领职业	0.92
校对员	创意型职业	0.84
行政法法官、听证官	重复性白领职业	0.64
理财规划师	创意型职业	0.58
司法书记员	重复性白领职业	0.41
翻译	重复性白领职业	0.38
人力资源专员	重复性白领职业	0.31
公关专员	创意型职业	0.18
记者	创意型职业	0.11
社会学家	创意型职业	0.059
律师	创意型职业	0.035
英语语言文学教师（高等教育）	创意型职业	0.032
历史教师（高等教育）	创意型职业	0.032
经济学教师（高等教育）	创意型职业	0.032
计算机科学教师（高等教育）	创意型职业	0.032
心理健康咨询师	社交智慧型职业	0.0048
营养师	创意型职业	0.0039

从2017年到2023年，连“七年之痒”都没有过完。现在就连“传统”这两个字都失去了“传统”的时间定义，更不要说职业的传统定义——大学老师，这算是传统专业社会的金字塔尖职业吧，越老越值钱。但在费尔顿教授的研究中，英语语言文学、历史学、社会学等多个领域的高等教育教师，都位列受大语言模型冲击最严重的前10%职业。

仔细想想，ChatGPT的确可以帮忙承担很多教学任务——设计教学大纲、解说专业知识、为学生答疑，等等。哈佛大学已经推出了AI导师“CS50机器人”。它可以帮助学生们更好地学习哈佛的一门热门课程——计算机科学概论（课程编号CS50）。课程主讲教授马伦说：“我们希望通过AI实现CS50课程的一对一教学，并提供全天候的学习，以适应每个学生的进度。”[1]

AI协作能力

我有好几位学生在985、211高校任教。我把表6-2发到微信群里之后，大家炸开了锅，纷纷表示要去练习车技，等失业之后就去送外卖、开滴滴。但是我告诫他们，智能司机、智能快递员……涌现的技术难度更低。嗯，群里安静了。还是各回

1 Rahem D. Hamid, Elias J. Schisgall, CS50 will Integrate Artificial Intelligence into Course Instruction, https://www.thecrimson.com/article/2023/6/21/cs50-artificial-intelligence/, retrieved Nov. 22, 2023.

各家、“好好搬砖”才是。

“好好搬砖”的一个重要指标就是全面读文献。最近，很多研究文献估计了人工智能对特定工作任务的生产力影响。文献告诉我们，可以换个角度来看表6-2——**那些受大语言模型冲击最大的职业，其实也是最有可能利用AI杠杆的职业**。

比如，一篇发表在《科学》杂志上的研究文章发现，使用ChatGPT之后，写作任务所用的时间可以减少37%，同时产品质量可以提高0.4个标准差。[1]也有研究者发现，使用名为Copilot的工具，基于大语言模型GPT-3，软件工程师的编码速度可以提高一倍。[2]另外有学者发现，根据25个语言模型的使用案例估计，经济学家使用大语言模型可以提高10%—20%的生产力。[3]

你看，书中自有黄金屋，古之人不余欺也。

所以，一个更可能的结局是，人工智能并不是完全替代这些工种，而是改变过去人们的工作模式：由人类负责对创造性、社交性、灵活性要求比较高的部分，ChatGPT则利用其在速度、知识库、不知疲倦等方面的优势来完成重复性更强的工作。

---

1 Shakked Noy, Whitney Zhang, Experimental Evidence on the Productivity Effects of Generative Artificial Intelligence, *Science*, 381(2023).

2 Kalliamvakou, Quantifying GitHub Copilot’s Impact on Developer Productivity and Happiness, https://github.blog/2022-09-07-research-quantifying-github-copilots-impact-on-developer-productivity-and-happiness/, retrieved Nov. 23, 2023.

3 Anton Korinek, Language Models and Cognitive Automation for Economic Research, https://www.nber.org/papers/w30957, retrieved Nov. 23, 2023.

还是以大学教师为例。ChatGPT可能会替代大学教师完成知识传授工作，但大学教师这个职业，还得承担需要突破性创新的科研工作和需要人类情感交流的学生工作，这些任务还是很难由ChatGPT来完成的。

再比如，自从AI画图火了之后，设计师、画师被裁员的新闻就不绝于耳。广东一家中型外包游戏公司的原画团队，自从2023年年初开始使用AI之后，已经裁员2/3。借助AI，打草稿的步骤节省了下来，原画师只需进行后期细节修改，相当于减少了50%的工作量。但完全由AI来画图并不现实。之前提到，知衣科技创始人郑泽宇告诉我，目前AIGC设计图实际产出的比例并不高，100张图只有3张能进入优秀设计师的法眼。而且，即使在AIGC效率大幅提升的将来，设计师仍然很难被替代，因为设计的核心能力——审美，仍然依赖于人类的主观判断。**跟AI协作需要优秀的表达能力、审美能力和判断力，具备这些能力的设计师能够成为AI的主人，而与此同时，不具备这些能力的设计师则可能会成为AI的附庸。**

而且，技术的成熟是需要时间的。退一步说，至少在近期的未来，大多数人会发现，自己的工作是与数字工具（包括AI工具）互补、协作的。清华大学的李宁教授最近在这方面做了研究。[1]他们的实验要求人们与ChatGPT进行互动，将ChatGPT

1 李宁《人机协同、效率与创新：AI时代的组织模式探索》讲座。

作为个人助手来完成一系列任务。

实验设计了4个任务：

· 第一个任务是简历撰写。

· 第二个任务是创意生成，要求给某种产品起个吸引人的名字，并对其未来的市场营销做出合理解释。

· 第三个任务是解决团队成员之间的人际冲突。设想你是团队的一员，提出解决这个冲突的方案。

· 第四个任务更加复杂。比如说要求参与者设计一所现代大学，假设这所大学要引入一个面向非计算机专业学生的通用型人工智能，针对所有人开设通识课程，那么这门课程的大纲应该是什么样的？需要涵盖哪些内容？

李宁教授团队要求受试者与ChatGPT合作完成这4个任务，然后评估他们提交的任务成果，在1到10之间打分。[1]他发现，使用ChatGPT，对于所有工作任务的成果都有显著提升，可以让评分上升0.5—2分。但是，不同的人使用AI工具的效果差异很大。对有的人来说，ChatGPT只是一个蹩脚的搜索引擎，但有的人可以把ChatGPT训练成高级写手。

换句话说，与AI协作的能力可能会成为决定未来职业发展

1 同时也有控制组，也就是不与ChatGPT合作，独立完成任务。然后对比控制组和实验组的任务成果。

的关键因素。美国杂志《大西洋月刊》甚至将其称为“本世纪最重要的职业技能”。我组里的青年教师们已经用上ChatGPT了——有的让ChatGPT帮学生答疑，有的让ChatGPT帮忙搜集教学资料，还有的用ChatGPT润色英文写作。当然，我还鼓励她们用ChatGPT撰写各种“八股”的报告——毕竟，时间是一个创造性大脑最珍贵的资产，AI可以让我们将有限的生命投入到无限的创造性工作中去。

谁说“人类一思考，上帝就发笑”[1]？

也许，AI来了，米兰·昆德拉错了。

黄仁勋说：“**AI 不会夺走你们的工作，使用 AI 的人会夺走你的工作。**”虽然多少带着行业偏见，但对职业市场来说，AI协作能力，跟当年会Excel、会PPT一样，将成为新的职业杠杆。

如何提高AI协作能力呢？李宁教授的研究发现，使用ChatGPT之后，有些人的工作成果得分低于3分，而有些人接近满分。造成这种差异的关键在于，你需要学会如何提问，并需要有系统化的提问方式，才能取得更好的效果。但想要系统性地向AI提问，并不是一件简单的事情。这需要你对本行业有深入的理解，并且具有很强的AI素养。所谓具有AI素养，就是你需要了解人工智能算法是如何工作的，如何支持和增强人类决

1　出自法国作家米兰·昆德拉的小说《不能承受的生命之轻》。

策，并且了解人工智能可能存在的局限性和偏见。**走近，拥抱，祛魅，是第一步。**

创造力就是做你自己

与AI协作的能力很重要，不过，驯服AI的能力可能更重要。

短期来看，AI替代人类还要考虑成本—收益问题，我们一时半会儿还看不到“人类批量化失业”这个场景。但是，AI让人类工作“工具化”的风险，已经是房间里的大象，无处不在，却被视而不见。

未来工作的分水岭，就在于你是AI的附庸，还是AI的主人。

前面提到，编程和写作技能受影响的程度最高，但是码农和作家一定会被AI支配吗？

写到这里，我想起了一件小事。上个月去华贸拍海马体工作照，化妆的时候，旁边有两个小女孩边化妆边聊天，说起自己“昨天才写了一两万字”，已经写到“某某阿哥”那里了。我马上明白她们是网文作者。我其实挺爱看晋江文，多爽啊：霸道总裁爱上我，恶毒女配白莲花，或者穿越到古代后中学课本立大功，硝石制冰发大财，靠李杜文章当才子……所以饶有兴趣地跟她俩聊了起来。两个女孩都是不知名的学校毕业的，大学时没什么事干，就在网上到处找兼职，不小心入了这行，发现门槛不高，工作时间也自由，毕了业工作也不好找，就这么做下来了。

我问，从小爱写吗？其中一个女孩捂嘴笑：最不爱写作文了。幸好现在都有“框架”，而且网上“素材”多。数据驱动嘛，哪个题材热，素材马上剪出来，洗一洗的算好的，有的就改个名字，然后塞到素材库里。所以她的工作就是“选料”，然后裁剪裁剪，主要耗眼睛、耗手。我马上明白了为啥现在推送的文有时候感觉特别熟。嗯，很工业化，还有点数字化。小女孩拍完照，兴高采烈地走了，说晚上回去还得干1万字。我看看手机，下午5点。1万字，大约分段、复制、粘贴也需要几个小时。确实并不是轻松的工作。

并不仅仅只有网文如此。我们今天大部分的写作，包括报告、文案、公关通稿，都是素材的堆积。稍微高级点的，是结构化，提炼一些观点——类似小学时代语文课的“总结中心思想”。这样的工作可编码吗？当然，它们更能被大语言模型所学习模仿，然后快速替代。

写作和说话一样，只是表达创意的方式，只是思想的出口。仅此而已。在大语言模型这样的工具演进面前，任何模式，包括用文字堆砌的“文采”本身，都将成为可破解的套路。目前ChatGPT能生成的，主要还是八股式的内容，但这个“八股”的范畴也会逐渐扩大。剩下的是什么，几乎没有，除了创造力。

那到底什么是“创意、创造力”呢？每次讲到这种词语的时候，我都有种无力感——太抽象，容易流于鸡汤，但是又不知道该怎么表达。直到前两个月，我看到印度裔美国企业家纳瓦尔的一句话，大受震动。

他说：“**在成为你自己这件事上，没有人比得过你。**”[1]

什么叫“成为自己”呢？纳瓦尔的解释是，**就是做那些自己做起来得心应手、容易形成正反馈的事情，然后用媒体、代码给自己加杠杆，放大这个效应。**在2023年，AI工具，当然是代码的一个重要组成部分。

为什么一定要“成为自己”？ 因为只有这样，你才可能具有真正的创造力。

有时候确实会觉得，人得相信造物的神奇。我们总会发现一些事情，自己特别擅长，做起来没有赶鸭子上架的感觉，因此容易兴奋，容易产生多巴胺，相信自己能做得比别人更好，能做得和现有的不一样，因而形成正反馈，轻轻松松就能坚持10000小时。也只有在这种状态下，我们的创造力才会被激发。

再想一想，我们每个人多少都有特别擅长的东西，对吧？比如，念书、考试、写作，这都是我们熟悉的能力，可以帮助我们获得好学历、好工作；协调沟通、整合资源，这是核心能力，脱不花在她的《沟通的方法》这本书里曾经给你现身说法；

---

1 Eric Jorgenson, *The Almanack Of Naval Ravikant,* Liberty Publishing, 2022. 原文为 No one in the world is going to beat you at being you。

也有很多人擅长的似乎都是无用之学，就爱下棋打牌、跳舞烹饪、八卦追星、玩塔罗牌、看星盘……但我说这些的时候，你的脑子里是不是已经出现了很多人的影子？比如读书的顾衡、讲故事的凯叔、讲星座的陶白白，还有各路娱乐八卦博主？

看到纳瓦尔这句话那一刻，我真的有头皮发麻的感觉，就是觉得被击中了。然后在那一刻，我也更理解了什么是写作，什么是将被替代、将变得荒芜的“写作”——在纳瓦尔这短短13个英文单词的句子里，体现了两种不可替代的“创造力”。

第一是思想创造力。他所定义的“成为自己”，展示了他对我们这个时代的洞察力和穿透力，并且总结出了解决方案。这是智商、阅历、经验混合而成的能力，可遇而不可求。

第二是表达创造力。一个生僻词都没有，但是组合出了美感和直指人心的力量。

20世纪80年代著名北大才子蔡恒平（笔名王怜花）有段话我印象很深——

我常常独自一人在深夜读李商隐。每当我吟咏“锦瑟无端五十弦，一弦一柱思华年”时，我就能体会到另一个诗人食指的感觉：“我的心骤然一阵疼痛”，有一枚针扎在了心房。[1]

1　王怜花：《江湖外史》，新世界出版社2010年版。

对的，像一枚针扎在心房，那是什么感觉？你懂，但只可意会，不可言传。既然不可言传，也就无从模仿。

所以，什么是创造力？**创造力，就是算法算不出的部分，因为它尚未存在。**

这个时代，你必须做自己，因为做自己才能拥有创造力。

更重要的是，你可以做自己，因为社交媒体、代码和AI工具提供的规模化服务能力，能将个人创造力转化成个人产品。

这是一个在“共潮生·香帅年度财富展望2023”上讲过的故事。

故事的主人公叫小文，“95后”，二本师范院校美术生。毕业后没找到什么好工作，她就加入了考公考编大军，备考一年，挤破头进了老家山西小县城的一家体制内单位，工作很琐碎，端茶送水打印资料。一个偶然的机会，单位举办爱国主题的手抄报比赛，美术生小文自然拿了第一名。下一次单位手抄报比赛，邻桌大姐对她说：“我不会画画，给你200块钱，帮我画一张吧。”

小文画了，大姐很满意。然后办公室同事们发现了人才——这些年各地学校形式主义严重，家长和小朋友们被各种素质活动所苦，小文这是救星啊！大家纷纷问，可以帮干“做手抄报”之类的美术主题的活儿吗？

小文在学校时做过微商，马上意识到原来这是有潜在需求的。于是，她在微信、微博、小红书等社交媒体上发帖，说自己提供“手抄报服务”，教学、代画一条龙。很快就有了第一批顾客：几十个人找来，说家里孩子要做手抄报，小文小赚了几千元。

然后，美术生小文发现，除了手抄报，自己还能画水彩画、油画、手绘插画……

社交媒体成了她的第一阵地，粉丝数不多，1787个，但有真实需求：新房子的风景装饰画、结婚典礼上的新人卡通头像……然后她发现，要做大点，就得**标准化**。

她开始在情人节、七夕、圣诞节这些重要节日之前做标准化模板。比如，相对简单的爱心系列，一天可以画8幅。8个画板摆在一起，记住分别要画什么颜色（粉色、蓝色）。画第一幅的时候，先画大致图样，涂上色，放在那儿让它晾着，去画第二幅；等流水线画完最后一幅的时候，第一幅已经晾干；接下来再画细节。

她还可以根据粉丝要求定制姓名和祝福语。先做个样品，做完之后放在小红书上，有粉丝私信联系，确定定制内容后，线上付款，画好后，再寄顺丰到付。

这个模式做得很顺，几个月下来，最远的一单卖到了西藏。像草一样，小文就这么倔强地长了起来。2023年5月，义乌一家做儿童绘本的公司在网上看到了她的作品，找到她，说她的画很适合做儿童涂色书，几万块钱买断了版权。小文实现了上大学时的理想——“当画家，当作者”。只不过，是从另外一条路上奔来的而已。

第一次听完这个故事，我脑子里突然出现了一幅画面：深圳的腾讯、上海的小红书、北京的微博、西藏的用户、浙江义乌的客户；中国工厂、中国公路、中国网络、中国平台、中国数字化工具——这一切构建而成的中国数字生态，让一个普通中国山西女孩的平凡生活，有了一双小小的翅膀。

我想，“微利时代”或许也是“微粒时代”吧。在颗粒度更细的数字社会中，所有微小的颗粒都有被看见的机会。

去年曾经出现在我们书里的小马[1]，一个土木工程系硕士，自学编程转行成为人工智能软件工程师，再自学金融，转行成了一个用编程工具来做行业分析的研究员。在做咨询的过程中，苦于没钱雇人，他开始死磕ChatGPT，训练它给自己当研究助理。初衷就这么单纯，省钱省力。

2023年5月，小马儿子半岁，他送了儿子一份礼物——以宝宝为主人公、自家生活环境为背景的绘本。可怜小马一个钢铁直男工科生，美术都没怎么及格过，更不用说写作、排版这些了。我问他，你是怎么做出绘本的？他说，我开始就是这么个想法，然后开始跟ChatGPT“聊天”，训练它给自己当“绘本创作

1 参见《钱从哪里来4：岛链化经济》第七章“数字劳动者”。

人员”，一点点就把剧本给写了出来。然后用Midjourney画图，前后历时一周完成了电子版。然后拿到打印店制作，一本属于自家孩子的绘本诞生了。

故事到这里还没有结束，AI的价值显然不只是给宝宝做绘本，从工作到生活，小马不断地解锁一个个AI实战的应用场景，从AI海报设计到行业数据分析、AI辅助的小程序编程开发，他平时在朋友圈的分析，吸引了越来越多朋友学习AI。小马又有了新想法，“授人以鱼不如授人以渔”。他把自己跟ChatGPT打交道的心得、经验、技巧开始总结成课程，以自己这个绘本经历为案例的一个视频课“AI绘画课”上线两个月，卖出了几十份，另外还开办了“ChatGPT实战营”线下课，半年时间已经取得十几万元的收入，开启了新的事业。

一个创意是怎么变成一个产品的？靠的是大语言模型、电商平台、社交媒体，以及各种数字化工具。而且，这些都是公共品，是普通人也可以免费获得的资源。正因如此，即使只拥有某种微小的创造力，也可能找到打造个人IP的机会。

前段时间，我看到了一个“80后”姑娘的故事。大学毕业后，她宅家“戳羊毛”，戳成了工艺大师，但3年0收入。命运的转折点在于她把作品放上了社交媒体，积累了一批粉丝，吸引了策展人，从而被市场看见，作品变得一件难求。

我自己的亲姊妹，童年时代一直喜欢画画和设计，但和所有俗套的精英故事一样，英国留学回来，做起了投资和企业孵化。中间，她用“童话丸子”的网名，随性地在小红书分享穿搭日常，几年跑下来，居然也有了几万粉丝。于是，她就萌生了做个首饰品牌的想法。找合作者画图，找工厂，和上海戏剧学院策划联名……很繁琐，当然也很有趣。然后就诞生了一个名叫“童诗丸子”的国潮首饰品牌——我们总会离开童年，但永远可以留住童年的诗与梦想。前一阵子聊天，我们说起时代，都经历过烈火烹油，自然也会唏嘘，但最后还是觉得，今天的社会生态，就像我妈当年送给我的那句话——未名湖是个海洋，可你怎么知道自己不是一只鸟呢？[1]

这些我日常生活中发生的一件件真实的事，见到的一个个真实的人，让我很有感触。过去，只有顶尖的专业人士能获得资本的青睐。现在，随着数字工具、AI工具变得人人可得，普通人都有机会跟数字工具“合伙”干事业。也许在这个意义上，数字社会中，“合伙制”的门槛已经在降低。

1 2018年，我和妈妈有过一次谈话。那时候我要离开北大，很多人劝我，包括学术圈里很著名的老经济学家们：这可是北大啊，何况你还是个女生，何况你还刚生了个孩子——要不要再想想？我跟我妈说：“妈妈，他们都说未名湖是个海洋呢。”我妈抬头，看看我，回答：“那你怎么知道自己不是一只鸟呢？”

鸟儿不会失去翅膀

想明白这件事情后，再看尼尔·弗格森的《广场与高塔》[1]，就觉得更有体感。这本书讲的就是数字化给社会结构带来的变化。弗格森说，之前的社会像高塔，是层级式的，人生像攀登窄梯，所以我们要拼命上好大学，进好单位，要从科员到科长到处长。因为爬到上面，才有机会看到更远、更好的风景。但是每一层席位都更少，所以这是一场“排他式的游戏”。

资本主义、市场经济，是一次巨大的破局；过去20多年的数字经济，则是另一次更大的破局。我们看到，那座高塔仍然存在，但在高塔之外，一个广场型结构正在出现。所谓“广场”是什么意思呢？不需要仰望，只需要平视。不需要攀登竞争，只需要自我拓展。广场不是华山天险一条路，你摆摊、卖艺、唱个二人转，都行。所以，这里的游戏规则不是排他的，而是包容的、互动的。

2023年6月底，我见到菜鸟集团副总裁韩帅，聊到人工智能对就业市场的威胁，他跟我说了个有意思的现象。他们一直想搞人工智能仓，但怎么都搞不过人工仓。后来发现，中国劳动者本身就很“智能”。原因很简单，经过这么多年的“数字化生存”，任何一个最普通的中国劳动者，即使是初中毕业，也能熟

1 ［英］尼尔·弗格森：《广场与高塔》，周逵、颜冰璇译，中信出版集团2020年版。

练掌握**移动支付**、**地图导航**、**直播喊麦**、**线上接单**等数字化工具。这种深度数字化的人工劳动力，在很多场景下，其实比机器劳动力更灵活、更可控。然后我们不约而同地给了这个现象一个名字——数字劳动力红利。

“熟练使用数字工具”这件事，学习成本其实是很高的。尤其在那些劳动密集型的行业中，低学历劳动力对新工具的接受程度低，学习速度也慢。但是中国这些年，随着数字平台的发展，硬生生将这块硬骨头给啃下来了。9亿劳动力中，最少7.5亿算得上数字劳动者。[1]这对未来数字社会、数字市场的发展，将会是一个巨大的助力。

大概8月份的时候，我在线上平台叫了个师傅做头部按摩。一个50多岁的东北大姐，手法很好，特别有劲。她问我是怎么找到她的。我告诉她，我的标准很简单，因为是随机约，所以一定要选“当日可约”，然后剔除男性，再在剩下的里面找“五星”……然后就看到她是排在前面的。

大姐用心听着，然后告诉我，我这种“等级很高”（就是使用频次高或平均客单价相对较高）的顾客也是她想要的，所以这个月她在“投流”时，有意识地注意了一下投的金额、时间和方式。我秒呆，顿时感到头都不疼了。“投流”，这个词多么熟悉又多么陌生。看我呆头呆脑的样子，大姐耐心地开始给我

1　据中国互联网络信息中心发布的《中国互联网络发展统计报告》。

讲，现在平台也是竞价排名，要出钱投流才能被更多人看见，但这里面窍门很多，经常是白花钱……说实话，我没太听懂她们平台的游戏规则，但是大姐骄傲地跟我说："这个月我花钱其实很少，但是找到了好几个像您这样的客户，我手艺好，碰到了大多能成常客，这钱花得值。"最后，她笑眯眯地总结："**我赢了**。"

赢，也未见得要靠合作。

博弈和对抗也有自己的生存空间。

小红书上有个帖子。年轻的女孩开了一家茶馆，主打体验感、氛围感，做得挺好。但是有一天，她发现自己的茶馆被大众点评收录了，然后就有人故意打差评。一家新店，几个差评就让评分下降到3分多。

本来女孩没打算靠线上的流量做大。她做这行时间已经不短，攒了很久的客源，也有自己的渠道。而且，她是"匠人"性格，最爱的就是日本那种小小的老店，一生只卖一杯茶、一碗面。她不善于也不希望做大，就这么一家口碑相传的小店，挺好。对女孩来说，这是职业生涯，也是人生。

但被打了3点几的低分，这就有问题了，对老顾客都是一种伤害。

女孩想让大众点评撤销收录，于是开始投诉，但一直无果。申诉流程冗长复杂不说，即使申诉成功，到撤销收录还要一段时间，中间可能碰到各种职业差评师的骚扰。

另一个办法是妥协合作。跟按摩大姐一样，给平台交服务费，买流量，买好评，管理差评。但女孩不愿意。年轻的孩子，就像初上蓝天的鸟儿，不会轻易放弃自由的味道。

女孩开始深挖平台后台的工具，锲而不舍。一周后，她终于发现了一个隐藏按钮——歇业，相当于在线上空间里关了店门。点一下“歇业”，整个世界都安静了。点评停止了，女孩终于摆脱了差评骚扰。

她的茶馆能不能做好？让时间来回答吧。有初始的客源，也有各种“慢”的工具和平台。生态的一层含义是多元，容得下生如夏花，也容得下慢慢生长。

真正的天空下，鸟儿不会失去翅膀。

致　谢

1

每年都一样，最初是要分娩的阵痛，一次次汹涌。“来呀，用力啊，推啊”，然后是永无休止的阻滞，你疼痛难耐，辗转反侧，你大汗淋漓，泪如雨下……一直到筋疲力尽，再无力可施。然后，一松，听见“哇”的初啼。如释重负，挣扎着看一眼，我的天，哪里来的皱巴巴的红皮小怪物呢？内心崩溃，我那明眸善睐、雪肤花貌的天使呢？

“恭喜啊，宝宝好可爱……”

强行挤出微笑，“是啊，好可爱。辛苦大家了。”

辛苦大家了。

最要感谢的当然是团队。从年中的“共潮生 · 香帅年度财富展望”，到年末的《钱从哪里来》，我们在酒店咖啡厅厮混过了很多晨昏颠倒的日夜，跑数据，找资料，争论，理结构，推翻重来。我在持续的强刺激中将自己一次次推到思考的边缘。谢谢靖靖主持了第二、三章，璇璇主持了第五、六章的研究和写作框架打磨。每一年你们都给我更深的惊喜，从跟随到并肩，从去找答案到提出问题，让我也不断被点燃，去探索井下更深的世界。

2

今年我跑的企业是过去5年中最多的，在整本书中你可以看见做企业的他们和她们，无处不在。不一一列名字了，讲一个故事吧。

和一个做企业的朋友聊天，自然也会谈到悲观的时候该怎么怎么办。

朋友说："用个极端情形做选择吧，因为这样你才知道自己内心究竟要什么。"

我说："好。"

他说："假如啊，假如说明年这个时候，地球有一半概率要毁灭了，你今天怎么办？还继续做研究下去吗？还写作讲课吗？"

我反问："换了你呢？"

他说："我肯定更拼命干企业啊，如果可以，还要抓紧扩张一下。"

"为什么？"

“因为‘明年这个时候地球毁灭’，这个50%的概率，你逃避、抗拒不了。但还有50%的概率，就是‘明年这时候地球啥事也没有’，对吧？在这一年中间，你相信我，一定有无数的人躺平，趴下去了。所以到明年那一天，只要地球没毁灭，我应该就是这个地表上本行业里面最强的，不，说不定还是跨行业最强的人了。因为那个时候**没趴下就是胜利。**”

“所以，”他顿了顿，看着我，“**我为什么要为那个悲观的50%概率，去放弃那个乐观的50%概率呢？**”

这，大概就是他们的2023吧。即使无人坐庄，仍然拍案下注。为什么我还能继续写关于“中国经济”的叙事？因为仍能见到他们，还有温度，还有光。

所以，无言感激。

3

从来觉得幸运。生性惫懒的自己一直在学术上得到最好的滋养。和往年一样，我不断从徐远和张斌的宏观框架中汲取养分。今年我也经常会在和郭凯的讨论中被刺激到一凛。就像5月和10月跟曾鸣老师聊天，然后回来对着现实重读他2017年的《智能战略》时所感受到的一样。

这些时刻，经常像王怜花说的，“一枚针扎在了心房”。痛，并快乐着。然后在疼痛中，一点点蜕去壳，长出新的肌理。

4

据说已是小有名气的中年人，但仍然和童年、少年、青年时一模一样，任何时候写完一段得意的内容，就要发给姐姐，献宝一样，眼巴巴地等着那句——“我从来没有怀疑过，你才华横溢”。嗯，30多年了，这句话魔力丝毫不减。作为一股流到哪儿算哪儿，遇到什么天气、什么地貌就呈现什么形状的潮水，她一直是我的岸，逼我做一条必须奔涌向前的河流，可以停歇，不准改道。

所有的作品，都是家人的作品。爸爸妈妈，请允许并不细腻温柔善照顾人的女儿，在文字中拥抱你们，并告诉你们，我一直幸运，故此欢天喜地 。

5

最后，已经看到这里的你。

我想，我们已经感受到对方了。此刻我脑海中浮现出了“你”，模糊的面容，但清晰的轮廓。每次说到“历史大变局”这样的词语时，我都会想到你，尽管我不知道你在哪里，在干什么，又是谁的父母、妻子、丈夫——当我开始《钱从哪里来》这个系列的时候，我也没有想到，我和你、我们竟然以这样的方式，亲历，并成为历史。

谢谢你。

明年，我们再见。

香帅

2023年11月27日返京途中

图书在版编目（CIP）数据

钱从哪里来 . 5, 微利社会 / 香帅著 . -- 北京 : 新星出版社, 2024.1
ISBN 978-7-5133-5436-3

Ⅰ . ①钱… Ⅱ . ①香… Ⅲ . ①经济学 – 通俗读物 Ⅳ . ① F0-49

中国国家版本馆 CIP 数据核字 (2023) 第 233242 号

钱从哪里来 5：微利社会

香帅 著

责任编辑 汪 欣
策划编辑 张慧哲 战 轶 师丽媛
营销编辑 陈宵晗 chenxiaohan@luojilab.com
许 晶 xujing@luojilab.com
张羽彤 zhangyutong@luojilab.com
封面设计 李一航
责任印制 李珊珊

出 版 人 马汝军
出版发行 新星出版社
（北京市西城区车公庄大街丙 3 号楼 8001 100044）
网 址 www.newstarpress.com
法律顾问 北京市岳成律师事务所
印 刷 北京盛通印刷股份有限公司
开 本 880mm × 1230mm 1/32
印 张 8.5
字 数 162 千字
版 次 2024 年 1 月第 1 版 2024 年 1 月第 1 次印刷
书 号 ISBN 978-7-5133-5436-3
定 价 69.00 元

发行公司：400-0526000 总机：010-88310888 传真：010-65270449